辉煌中国

MODERN CHINA'S INGENUITY

辉煌中国
MODERN CHINA'S
INGENUITY

“辉煌中国”丛书

通江达海

本书编写组 编著

CIPG China Foreign Languages Publishing Administration 中国外文出版发行事业局
外文出版社 FOREIGN LANGUAGES PRESS

总　序

习近平总书记指出：“中国发展道路，就是中国特色社会主义道路。我们走这条道路，是历史的选择、人民的选择。”

中华人民共和国成立 70 多年来，特别是改革开放 40 多年来，中国人民沿着这条道路取得了举世瞩目的成就。中国已成为世界第二大经济体，14 亿人民生活不断改善，创造了人类减贫史上的奇迹，中华民族实现了从站起来、富起来到强起来的伟大飞跃。

回望，是为了更好地出发。“辉煌中国”丛书，旨在全面反映中国各领域发展成果，特别是党的十八大以来党和国家各项事业发生的历史性变革和取得的巨大成就，深刻解读自中华人民共和国成立以来党和人民的奋斗实践，深刻解读中国历史性变革中蕴藏的内在逻辑，讲好中国共产党故事，讲好新中国故事，讲好新时代中国特色社会主义故事。

公路成网，铁路密布，高坝矗立，西气东输，南水北调，神舟飞天，嫦娥奔月，蛟龙入海，高铁纵横，世界第一制造大国出品的大国工程、大国重器，给了我们中国底气。

人民幼有所育、学有所教、劳有所得、病有所医、老有所养、住有所居、弱有所扶，物质文明和精神文明双丰收的行业成就，处处彰显了中国实力。

经济特区、沿海开放城市、自由贸易试验区、少数民族地区、特色旅游城市，多姿多彩的中国省市释放出中国活力。

工程重器、行业成就、省市发展，见证了中国人民筚路蓝缕、砥砺奋进，沿着中国道路一路走来的不易与艰辛，也见证了中国的今天，是中国人民干出来的。

眺望，是为了找到前行的方向。2021 年是中国共产党成立 100 周年，在中国特色社会主义进入新时代的当下，在“两个一百年”的交汇期，中国人民正在中国共产党的领导下，为把中国建设成为富强民主文明和谐美丽的社会主义现代化强国而奋斗。希望这套书能够帮助我们在见证中国辉煌成就的同时，站在新的历史方位，踏上新的征程。

杜占元

中国外文出版发行事业局局长

2020 年 12 月

序　言

发展的画卷，总在接力奋斗中壮阔铺展；时代的华章，总在继往开来中镌刻永恒。今年是中国共产党成立100周年、实施“十四五”规划开局之年、全面建设社会主义现代化新征程开启之年。百年大党风华正茂，复兴伟业前景灿烂。在“两个一百年”奋斗目标历史交汇的关键节点，南通儿女正意气风发迈上全面建设社会主义现代化新征程，努力再来一次高质量发展的“沧桑巨变”。

时间，因为奋斗而注定不凡。70多年来，在中国共产党的领导下，南通全市各级党组织和广大党员干部群众，披荆斩棘，努力奋斗，特别是改革开放以来，各项事业发展都取得了全方位、历史性成就，以高水平全面建成小康社会的过硬成果，交出了一份充分展现“强富美高”鲜明特质的答卷。辉煌成就铸就辉煌历程，必将载入南通发展史册！

回顾历史，是为了从中汲取开拓前进的信心和力量。发展成就，靠的是党中央举旗定向、掌舵领航，靠的是770多万江海儿女的团结奋斗，正如习近平总书记在视察南通时所指出：“幸福生活是你们亲手建设出来的，是大家一起奋斗出来的。”汗水凝金，天道酬勤。习近平总书记关于南通“好通”、沧桑巨变、生活幸福的点评，是对南通高水平全面建成小康社会的最高褒奖，也是对江海大地深层次、根本性变化的精炼勾勒。南通发展的实践，是全国全省的生动缩影，充分展现了中国特色社会主义制度的巨大优越性，充分展现了南通在全国全省发展大局的作为和地位，充分展现了江海儿女在党的领导下迸发出的创新创造精神。我们不仅用奋斗创造了幸福生活、绘就了江海大地高水平全面小康的现实模样，而且为现代化建设打下了更为坚实的物质基础、提供了更为珍贵的经验启示、积蓄了更为强大的精神力量。这些，让我们更加坚定了前进方向、发展信心，也是我们走好新的赶考之路的底气所在、力量所在。

当前的南通，多重国家战略交汇叠加，江苏高质量发展新增长极的态势日益明显，正处于大有可为黄金发展期、跨越赶超重要窗口期。开启新征程、谱写新篇章，机遇与挑战并存，需要我们时刻保持清醒的头脑，拿出不负时代的使命担当和敢于探路的勇气锐气，坚定扛起在江苏现代化新征程上走在前列的职责使命，在积极探索具有江海特色的现代化形态上奋发有为，高起点、大手笔建好江苏开放门户，在追求社会主义现代化的重要目标上积极作为，依靠全体人民共同奋斗、建设共同富裕美好社会。

在新的赶考路上，我们必须始终牢记习近平总书记赋予江苏新征程上“争当表率、争做示范、走在前列”重大使命，落实江苏省委明确南通“再来一次高质量发展的‘沧桑巨变’”定位要求，将已经取得的成就作为事业新的起跑线，立足新发展阶段，完整、准确、全面贯彻新发展理念，服务构建新发展格局，围绕勇当全省“争当表率、争做示范、走在前列”排头兵，突出高质量发展主题，融入一体化，建设大门户，同奔共富路，奋力谱写“强富美高”新南通建设现代化篇章。新的赶考路上，我们要用转型之解作答发展之问，加快大门户建设，全面提升交通地位、产业层次和城市能级，“高起点、大手笔建好江苏开放门户”；用创新之为赋能区域之兴，加快一体化进程，统筹沿江沿海、城市乡村、市内市外，构建互联互通、共建共享、同城同质的融合发展格局；用为民之效回应群众之盼，加快高质量发展，坚持以人民为中心的发展思想，更加完整准确全面贯彻创新、协调、绿色、开放、共享理念，让经济实力、生活品质、环境质量、文明程度、治理效能、党建水平“六个显著提升”，成为新一轮“沧桑巨变”的鲜明标识。

更加壮阔的新征程，召唤我们再出发；更加辉煌的新答卷，有待我们来书写。南通是我们的家园，承载着我们共同的希望，也寄托着我们共同的梦想。

我们坚信，全市上下，勠力同心，必将奏响南通高质量发展的时代最强音，全市广大党员干部用奋斗创造更多“沧桑巨变”，“强富美高”现代化新南通一定能够成为长三角世界城市群中的璀璨明珠。

南通日报社（集团）组织记者、编辑、作家撰写本书，记录南通70多年来的发展成就，描绘南通全面建成小康社会的辉煌历程，希望广大读者通过此书全方位了解南通，爱上这颗江尾海头的瑰丽明珠。

南通日报社（集团）党委书记、董事长、社长　胡卫东

2021年10月6日

目录

第一章

生活在南通

一、平原上的国家森林城市

2018 年 10 月 15 日，深圳。这一天，对 728 万南通人来说，是一个难忘的日子。在当天举行的森林城市建设座谈会上，国家林业和草原局正式授予南通等 27 个城市为“国家森林城市”。

平原上的森林城市

国家森林城市，是评价城市生态文明建设的最高荣誉，是衡量城市综合竞争力的重要标志。地处江海交汇处的南通克服盐碱地多、缺山少湖等先天不足，扎扎实实，稳步推进，用实际行动实现了五大类 40 项创建指标全部达到《国家森林城市评价指标（LY/T_2004—2012）》等相关文件要求，完美地诠释了“让森林走进城市、让城市拥抱森林”的创建宗旨要义，也为全国很多地区开展森林城市建设提供了“南通方案”。

2019 年，以国家森林城市为基础，南通成功申办中国森林旅游节，这个节日是经党中央、国务院审批，由国家林业和草原局主办的重要节庆活动之一，每年举办一届，这是该节首次在地级市举办。

南通，地处江苏省东南部，南临长江，东濒黄海，中国首批 14 个沿海开放城市之一，中国滨江临海平原地带唯一的“长寿之乡”。先后获得国家环保模范城市、国家园林城市、国家生态市、国家文明城市、全国十佳生态文明建设示范城市、中国人居环境奖等荣誉称号。

江海儿女全面贯彻“绿水青山就是金山银山”理念，策应长三角森林城市群建设，对接崇明世界级生态岛建设，构筑上海大都市“生态屏障”，打造扬子江城市群“绿色门户”，大力开展森林城市建设。以江海岸线为经纬，8001 平方公里的“崇川福地”挥洒出平原绿化的恢宏巨笔，在“大德曰生”的锵然古训之后，绘就了“大美曰绿”的新时代画卷。

（一）破解森林进城难题

728 万人口的南通沃野平畴，人均 9 分地，耕地复种指数高达 238%，种养业比较效益高，基本农田保护比例高。加上河网密布、缺山少湖、自然资源稀缺、以人工森林为主，对照“创森”[1] 标准，到 2018 年，南通市森林覆盖率需达到 35.26%，其中 7 个县（市）、区的森林覆盖率要达到 35% 以上，这意味着全市要新增造林面积 24.9 平方公里。

森林进城“住”哪儿？平原林业创森的出路在哪里？面对南通市委、市政府作出的“确保 2018 年底各项指标基本达标，顺利通过国家森林城市创建验收”的庄严承诺，即便是应邀来通参加《南通国家

---

[1] 即“创建国家森林城市”的简称。国家森林城市，是指城市生态系统以森林植被为主，城市生态建设实现城乡一体化发展，各项建设指标达到指标并经国家林业主管部门批准授牌的城市。

森林城市建设总体规划》评审的专家们，也颇多忐忑。

南通，必须在寸土寸金的“上海北大门”，集聚“地、水、绿、文、美、产、居”等多种要素功能，创新沿路、沿河、工业园、农业园、农民家园“两沿三园”绿化思路，打造“一核、两带、三网、七廊、多组团”，市区见缝插绿，市郊成片造绿，沿河沿路同步建绿，形成具有江海特色、城乡一体、健康稳定的城市森林生态系统。

依托沿海高速苏通大桥到宁通高速九华枢纽沿线，一道环绕主城区东部和北部生态景观廊道已经成形，沿路绿化宽度达到 100 米。在 G40 高速公路陈桥枢纽下，南通市树广玉兰秀美挺拔、郁郁葱葱，紫薇、榉树错落有致，在秋风中浅吟低唱。这块 20 万平方米的修路流转空地，恰好给了“创森”植树空间。按照珍贵化、彩色化要求，原港闸区政府统一采购树种，专业养护，农民拿到土地租金，树下种植农作物，实现效益化。越江社区是南通最早的大型拆迁安置小区之一，占地 35 万平方米，罕有绿色。插绿工程以来，一举新增绿化 6 万多平方米，占比 17%。广玉兰、红枫、毛鹃、结香花等，广植其间，让拆迁户也能“森”呼吸。

点线面结合，山、水、路、林配套，实现区域森林生态的互联互通，处处彰显了南通创森之精细巧妙：以五山及沿江生态修复为“绿核”，打造沿江生态走廊，森林在主城区“安家”。南通植物园、五山森林公园军山片区全面开工，“大众乐园”“城市绿肺”与“沿江休闲绿廊”联袂而来，新增超过 4.3 平方公里的绿地，森林覆盖率由 39% 提升到 81%。这一切，都与崇明国际生态岛建设遥相呼应，旨在构建上海的生态“北大门”、扬子江城市群的“绿色门户”。

（二）重速度重指数，更重民生

从“创森”申请获得国家批复，到“创森”总规编制完成并通过国家评审，仅用时10个月，展现出南通速度；从以市委书记、市长“双组长”挂帅的创森领导小组成立，到各项创森重大工程建设迅速落地生根、快速高标准实施到位，展示了组织水平；从绿色生态廊道工程设计导则的制定实施到森林公园、湿地公园、“三化”示范创建、森林城镇、森林村庄等多个建设规范的相继出台，彰显平原特色。

不仅重速度，更重老百姓的幸福指数。更多的绿色获得感，源于群众诉求和政府的互动，而非简单的面积增加。东昇小游园建设，充分听取民声，根除了小饭店绕村排污的积弊，西侧是运动休憩区，东侧以停车服务功能为主，居民都愿意茶余饭后来这里走走，临近游园的居民，家家户户都拿这里当自家后花园。类似街头巷尾的小游园，群起城区，城山路、濠北路、百花路，小游园等一批游园绿地建成开放。新一轮《南通市城市绿地系统规划》，通过南通报业集团等主流媒体广纳民意，将游园建设速度由每年10个提升到每年20个。市规划局提供数据，5年间，市区公园绿地总面积翻了近一番，目前南通市区人均拥有绿地面积达18.47平方米，约等于多出132个文峰公园。

围绕民生，“国家森林城市”“生态园林城市”“花园城市”三城同创，才能保持生态、节约、可持续发展的状态。2014年，南通启动运河绿廊建设，建设一段、开放一段，不断延长，滨水步道蜿蜒于桃红柳绿，观光平台、儿童乐园等景观小品点缀其中，这里是现代夜跑族的聚集地，也是南通从濠河迈向运河时代的历史传承。开凿于南宋时期的通吕运河，以及重要引水通道海港引河，在辛勤哺育江海儿女几个世纪之后，焕然一新。疏浚、立驳，整合21公里岸线，构筑以水网、绿网为主导的生态格局，形成独具南通特色的后工业文化水岸。“相比濠河，绿廊的格局更大，景色、视野开阔得多。”家住引河沿岸紫东南苑小区的夏玉敏说，晚饭后来引河绿廊走走已成了她的习惯。

围绕民生，南通“503020”工程的兴建，为百姓的生活圈增加了更多绿意。“503020”工程，即城市快速路、主干路、次干路两侧绿化带宽度依次不低于50米、30米、20米，有路就有树，有树就有林，沿路绿化、街头游园、区级公园、市级公园……处处有绿。市区300米半径内，百姓开窗见绿，出门有景，城市绿地面积总量超过30平方公里。林在城中，城在水中，林水相依，南通百姓从此“诗意地栖居”。

（三）圆百年森林公园之梦

南通五山国家森林公园位于市区南部沿江地区，由临江而立的狼山、军山、剑山、黄泥山、马鞍山及园博园、啬园等周边区域组成，占地面积10.8平方公里，陆域森林覆盖率达到80%以上，是南通主城区重要的城市生态功能板块。

2017年，按照习近平总书记关于“把长江生态环境摆在压倒性位置，共抓大保护，不搞大开发”的重要指示精神，南通市委、市政府决定将五山地区长江岸线由生产型岸线调整为生态型、生活型岸线，调整优化沿江生产力布局，全面实施五山及沿江地区生态修复和保护工作，通过“还山以林、还江于民”，建设“面向长江、鸟语花香”的“城市绿肺”和“生态客厅”。市政府相继投入工程费用30多亿元，在优化提升原省级狼山森林公园的基础上，新建军山森林片区、植物园片区、滨江生态片区、啬园玉兰谷片区、生态配套片区等森林片区，新增森林面积3.92平方公里，建成了五山森林公园。

百年前，清末状元、近代实业家张謇就在五山地区开展了林业建设的实践和探索。民国初年，张謇在任民国政府农商总长期间，制定了中国第一部《森林法》，倡导设立了植树节。在家乡南通，张謇把生态和林业建设的构想付诸实践，他将五山规划为“花园及风景区”，设立森林事务研究所，建设中国第一个民办气象台——军山气象台，聘请荷兰水利专家特莱克兴修水利，开凿环山的护林河，建立五山苗圃、军山林和南郊植物公园，形成了今天五山森林公园的雏形。在五山地区拟设立国家级森林公园也具有特殊的历史纪念意义。

五山，又称“狼五山”，是江海平原上唯一的山丘，也是万里长江由海入江的“第一山”。五山由海洋走向陆地，既完整展示了长江河口地貌演变的全过程，也形成了都市中稀有的“生态孤岛”。森林公园内植物和动物资源丰富，据初步调查，森林公园内共有维管束植物135科384属558种，珍稀濒危植物9种；野生动物种类共228种，其中鸟类82种、昆虫117种、其他动物29种。尤其是位于军山南麓的自然保留地，始终保持着近自然状态的生态环境，被学术界誉为“江海平原上唯一的、不可多得的，都市中的‘野生生物基因库’，具有世界自然遗产的价值”。设立国家级森林公园，将对保护好江海平原森林资源和长江水质，为江海平原地区提供天然生态屏障，起到至关重要的作用。

建设国家级五山森林公园已成为社会的共识。2010年至2012年，市政府就组织相关专家对军山自然保留地开展了历时两年的科考调查，并编辑出版了《神秘的山麓》一书，形成了森林公园内动植物资源调查的基础资料。市第十二次党代会明确提出了创建国家森林城市和国家级森林公园的工作目标，研究制定了创建国家森林城市的总体规划和行动方案，成立了五山及沿江地区建设领导组和指挥部，统筹协调五山及沿江地区生态修复工程和自然资源保护工作。崇川区政府在规定时间内完成了森林公园建设范围内工厂、码头、企事业单位搬迁和环境综合整治任务。市狼山管理办和市城建集团承担了森林公园六大片区的新建改造任务。

一个面向长江、显山露水、鸟语花香的“城市客厅”逐步成形。在国家评审会上，专家们一致认为，五山森林公园有效减缓城市热岛效应，充分体现森林惠民，切实增强了百姓的获得感。

森林惠民，城乡统筹，像五山这样的“城市客厅”已遍布南通各地。当前，南通市已建设了范公堤、老洪港等 10 个森林公园；圆陀角、里下河等 9 个湿地公园，实现了森林公园、湿地公园县市区全覆盖，发展布局均衡化。

（四）鼓起林农钱袋子，激发创森动力

耕地种粮，“两沿三园”种树，哪个效益高？凭着一手绝妙的蟠扎手艺，如皋工业园区顾庄村村民王晓军在 2017 年用 6000 元购入一棵黄杨，栽种 3 年后价值提升至 2020 年的 90 万元。在他家的黄杨盆景园，100 多棵黄杨盆景，棵棵都是人见人爱的精品。“2018 年，我家里改造小洋楼就花掉 100 多万元，园子里的盆景每天都有北京、上海大城市的人来看，全部出手的话，至少 7 位数。”王晓军一脸自

平原上的森林城市

豪地讲道。

创森，目的在富民。如皋市顾庄生态园10万亩苗木阡陌相连，这里是“如派”盆景的发祥地。“云头雨足美人腰，左顾右盼两弯半”，就形容的是“如派”盆景。经数百年技艺传承和发展，如皋盆景在生产工艺上大胆创新，相继推出药物盆景、速生盆景、微型盆景，让如皋盆景家族枝繁叶茂，瓜瓞绵绵。如皋花农们成功地繁育出世界濒危物种——珍珠黄杨，让珍稀植物得以走进寻常百姓之家。他们通过嫁接改良品种，让雀舌、针柏等名贵树种迅速成年。此外，他们还率先攻克灭菌和远距离运输的难题，让如皋盆景“带土免检”，走出国门。

如皋花农还借助现代网络技术，将传统花木盆景产业通过花木大世界网、淘宝网等网销平台，远销全球。旅游与花木的联姻也已结出累累硕果，2019年盛装开业的中国如皋国际园艺城，成为国家4A级旅游风景区。“如皋盆景”被国家市场监督管理总局确认为“中国地理标志证明商标”，南通成为华东地区最大的花木盆景出口基地，形成年产3.5亿株绿化苗木、100万盆盆景、400万盆盆花的生产能力，花木种植面积达187平方公里，仅2019年销售额就达到200亿元。

城乡群众不仅是创森的受益者，更是主力军。海门区的“林下经济”年收入近亿元，已形成林下种植、林下养殖、林下旅游三大模式。在四甲镇新街村，村民吴国平在其租地造林的速生林下种植萱草、鸢尾、兰花等花草，每平方公里林地一般能够收获花草超过150万株，可增加450万元左右的经济收入。位于临江新区的江苏奥林生态园，榉树、红枫林里，草鸡自由地散步、找食。种林面积达到20万平方米，放养4000只草鸡，既利用了土地，又节省了养鸡的成本，促使鸡肥被林木利用，形成生态循环。更为重要的是，林下饲养的4000只草鸡，平均每天能卖出肉鸡总价近400元，肉鸡销售每年能额外增加收入近15万元。果树下养鸡、养鸭、养羊等多种模式，蓬勃开展，持续鼓起林农的“钱袋子”。

南通，平原上的森林城市，正全面融入乡村振兴战略，在创建“五城同创[2]”、特色小镇过程中，始终致力传播并践行“绿水青山就是金山银山”的生态观，勇探人口稠密平原创森之路，这就是南通永远的初心。

[2] 五城同创，即创建省级文明城市、省级法治城市、省级园林城市和国家森林城市、国家卫生城市。

二、长江边的五山

滚滚长江东逝水，从青藏高原奔流而来的母亲河，经过万里奔波，最终选择了在南通汇入大海。辽阔的江海平原上，狼山、军山、剑山、黄泥山、马鞍山拔地而起，恰似五颗绿色翡翠，镶嵌于长江之畔。狼山居中为首，挺拔峻秀，其余四山绵延，呈拱月之势。五山沿江呈弧形排列，绵延4.5公里，总面积11.27平方公里。其扼江控海，地处险要，古称“江海锁钥”。

五山并不高大，但地处一马平川的江海平原，又有脚下宽阔的水面衬托，却也风景独特。余秋雨先生在游览过狼山之后曾撰文：“狼山才100多米高，实在是山中小弟，但人们一旦登上山顶，看到南边脚下是浩荡江流，北边眼底是无垠平川，东边远处是迷蒙的大海，立即会觉得自己是在俯视着大半个世界。狼山没有云遮雾障的仙气，没有松石笔立的风骨，只有开阔和实在。造物主在这里不再布置奇巧的花样，让你明明净净地鸟瞰一下现实世界的寻常模样。”

登五山，但见大江浩渺，晚霞逐浪，百鸟剪云，草木葱茏。因五山拥有“第一江山”的完美组合，故赢得“天然水石盆景”之美誉。《通州志·形胜篇》中说：“通州（现南通）足傲淮阳十四郡县者，

四季五山

有山为之镇也。”据考，五山形成距今已有 3.5 亿至 4 亿年，汉《文献通考》有载：海陵，汉县，有狼山。其中黄泥山（29.3 米）、马鞍山（49.4 米）、狼山（104.8 米）、剑山（80.5 米）、军山（108.5 米），山体占地面积 0.728 平方公里。

五山周围地势低平，海拔 2 到 4 米，除江堤外，大致微向长江倾斜。秦汉时，南通地区还是一片汪洋，那时的五山，还是水中的岛屿，马鞍山与黄泥山都在水面以下，水面以上的，只有军山、狼山与剑山。由于海面升降、地壳运动和长江河流的作用，周围屡经海陆变迁，直到清康熙年间才全部变成陆地。

（一）狼山

狼山，又名紫琅山、五狼山、白狼山、宝塔山。狼山得名，一传山中有白狼，二说山形似狼。狼山之名，最早见载于《唐大和上东征传》，说鉴真于天宝七年（748 年）过狼山，“六月二十七日发自崇福寿，乘舟下至常州界狼山，风急浪高，旋转之山”，今黄泥山龙爪岩还建有鉴真东渡纪念塔；《资治通鉴》中也提到狼山之名。北宋淳化年间（990 年 -994 年），州官杨钧认为“狼”字不雅，以“琅”字代之，又因狼山北麓之石多为紫褐色，感于其“烟光凝，暮山紫”，故称“紫琅山”。明末，包壮行《游军山记》中有“白狼山昔亦居水，而夸踞江浒”，因狼山山巅建有宝塔，又得名宝塔山。

而最让人津津乐道的，是传说此山最初被一白狼精占据，唐代高僧僧伽（即大圣菩萨）以借一宿之地为名，用一袭袈裟罩住全山，降伏恶狼，白狼只得让出此山，从此这里香火兴起。

狼山被列为“八小佛教名山之一”。狼山之所以能名列其中，原因之一为四大名山、八小名山都是佛教的概念。一座山，就是一位菩萨的道场。如南海普陀山是观世音菩萨的道场，四川峨眉山是普贤菩萨的道场，而狼山则是大势至菩萨的道场。在佛教寺庙里，大势至菩萨往往和阿弥陀佛、观世音菩萨一起被称作“西方三圣”。

（二）军山

五山之中，军山最高，山体也最大，占地 5.4 万平方米。同时，军山位于五山最东，从长江入海口溯流而上，见到的第一座山，便是军山。

军山山高气清，水静流深，鸟鸣花绽，是世界上独特的、江海平原上难得的野生生物基因库。窃衣草、金银花、霹雳、石蒜、金铃子……

延伸阅读 八小佛教名山

江苏狼山、南岳衡山、中岳嵩山、江西庐山、浙江天台山、西安终南山、云南鸡足山和北京的香山。

山不在高，有仙则灵。千百年来，不乏仙风道骨的文人墨客，在此流连。900 多年前，王安石留下《狼山观海》的千古绝唱：“万里昆仑谁凿破，无边波浪拍天来。晓寒云雾连穷屿，春暖鱼龙化蛰雷。阆苑仙人何处觅？灵槎使者几时回？遨游半是江湖里，始觉今朝眼界开。”与王安石同时代的大书法家米芾，则挥毫留下了“第一山”的墨宝。千里平原上五山崛起，狼山中峰耸峙，具泰山之雄；北麓岩深林嶂，具青城之幽；后山绝壁临崖，具华山之险；西山峰峦起伏，具峨眉之秀。小小一山，雄幽险秀兼具，所以获称“第一山”。爱国诗人文天祥也在此写下了“狼山青几点，极目是天涯”的诗句。而那幅常常被后人用来形容张謇实业精神的对联“长啸一声山鸣谷应，举头四顾海阔天空”，更是家喻户晓。

好山必有庙。狼山寺庙，总名广教寺。“广教”，取“广教众生，广传佛法”之义。广教寺始建于唐代总章二年（669 年），至今已有 1300 多年历史。唐代建大雄宝殿，后加盖一座浮屠。宋元明清时，陆续增盖庙宇建筑。北宋太平兴国年间（976 年 -983 年），兴建支云塔，建大圣殿。清康熙年间，于藏经楼东建造紫琅禅院。

广教寺的庙宇建筑遍布山脚、山坡和山顶，形成了狼山一大特色：山包寺，寺包山。山是一座庙，庙是一座山。错落有致的庙宇建筑，组成一条长龙。龙头朝下，法乳堂是龙头，山下金刚殿是它张开的大口，轮藏殿、大悲殿是龙的犄角，弯弯山道是龙的身子，山腰的葵竹山房等建筑是龙爪，山顶的支云塔则是直插云天的龙尾，而寺庙屋顶金光闪闪的琉璃瓦，则是片片龙鳞。这就是古人建设狼山庙宇形成的所谓“金龙伏狼”的风水格局。

广教寺的主建筑之一大雄殿，名为法乳堂，又叫释迦殿，始建于唐总章二年（669 年），重建于 1982 年。堂额由原中国佛教协会会长赵朴初题写。法乳堂供奉的十八高僧，由赵朴初邀请佛教界几位大德从中国历代九十多位高僧中遴选而出，由南通籍画家范曾先生创作画像，再委托北京工艺美术制品厂将画像烧制在 2304 块瓷砖上。十八高僧画像栩栩如生，已成为中国佛门瑰宝。

广教寺最有特色的建筑，则是屹立在狼山之巅的支云塔。此塔建于北宋太平兴国年间，高 34.9 米，砖木结构，五级四层，四面成正方形，为楼阁式砖木结构，腰檐成翘形，朱漆雕楼，上面覆以金色琉璃瓦，每层各有三个小间，绕以木栏。顶有相轮七重和宝珠、金铎等物。支云塔前面有个许愿池，有许多善男信女在此投币祈愿。南通有首民谣“通州三座塔，角分四六八，两塔平地起，一塔云中插”，其中“一塔云中插”说的正是供奉开山祖师僧伽塑像的支云塔。

四季五山

支云塔在古代也称文笔塔。《万历通州志·林记》中云："支云塔者，插其端，凌霄秀出锐如毛颖，通人号为文笔。" 1000多年过去了，支云塔依然保持着宋塔的基本风格。

支云塔本身的塔高加上狼山的高度，使它成为广袤的江海平原上的制高点，十几里外就能见到。所以，支云塔和狼山成了南通的地标。支云塔的塔尖、南城门（即江山门，已拆除，稍南的长桥仍在）与城中的钟楼同在一条中轴线上，三点一线，成为南通的风水门户。

登上支云塔放眼远眺，气象万千，极目四顾，视野十分开阔，有"伸手摩天"的感觉。明代狼山总兵王扬德写诗说登此宝塔能"晴看吴越重云树，暇睇徐淮古战场"，历代文人墨客登支云塔，留下诸多题咏之作，如"宝塔支青云，去天无尺五。天上星与辰，历历皆可数"。

支云塔在建筑艺术上很有特色。狼山山顶寸土寸金，为了节约用地，第一层兼作地藏殿，殿中的须弥座，又是宝塔的阶基，这在全国各地佛塔中是绝无仅有的。1000 多年来，支云塔遭遇过多次雷击和火灾，也进行过多次大修，一直到民国年间，塔尖装上避雷针后，才消除了雷击之灾。

1984 年和 2001 年，广教寺斥资对支云塔大修两次。1984 年大修时，工人师傅从塔顶 100 多公斤重的铜葫芦里取出历代僧人珍藏在里面的金玉饰器、银箔珠宝、佛像经书等几十件镇塔之宝，修复竣工后，又重新放进去。宝塔有宝，名不虚传。

狼山北麓，以山为屏，建有“謇园”，以纪念清末状元、中国近代实业家、政治家、教育家张謇先生。謇园建于 2003 年，分为两部分，前园体现了江南园林的“小桥流水人家”的格局，后园则沿袭了张謇时代修缮的观音禅院的佛教文化。北麓园内，还有为纪念元代著名书法家赵孟頫和“仿真绣”创始人沈寿所建的“赵绘沈绣之楼”等。

狼山山道沿路，有不少名人墓葬。如号称“初唐四杰”之一的骆宾王墓，南宋民族英雄文天祥、金应将军墓，滦州起义领袖、李大钊的老师白雅雨烈士墓，等等。这些仁人义士的墓葬，为狼山增添了几许风流和忠烈之气。

作为南通狼山地方茶的极品，“狼山春晓”军山茶生长在绿树成荫的狼山风景名胜区内，茶树品种优良，茶叶制作精细，属于典型的炒青绿茶，具有独特的色、香、味，品赏价值较高。半山腰上的浮生茶社，一直是游客茶客的心头好。

然而，论名气，军山却要让位于狼山。究其因由，原因之一在于五山登陆的时间不一样。五山原是海中岛屿，后来随着泥沙日益淤积，使五山先后与陆地连接。五山自西往东是黄泥山、马鞍山、狼山、剑山、军山，越靠西，越先与陆地连为一片。到明代时，其他四山均已登陆，只有军山与剑山之间还隔着一条“军山洪”水道，游客上山，得摆渡，古代舟楫不便，访问军山就很困难了。清朝康熙乾隆年间，军山才上岸。此外，因军山偏远，地势险要，战乱时常为军队驻扎，大战过后，往往玉石俱焚，留存至今的寺庙建筑、文人墨宝委实不比狼山。

军山上最具有特殊历史文化意义的建筑，是军山气象台。这是中国第一所民办气象台，是张謇先生于 1913 年开始筹建的。1917 年元旦起，气象台正式开展观测、计算、统计等工作。每天上午 11 点和下午 5 点，与上海徐家汇气象台对钟，每天在南通的报纸上发布天气预报。1918 年起，气象台每年编年报一册，发表一年的观测记录和研究成果。此外，还有月报、季报。这些刊物都附有英文，与 40 多个国家的气象台交换。当年军山气象台的设备，在国内是一流的。当军山气象台已经有日时仪观日、用经纬仪观星的时候，北京还在使用“施放午炮对时”。军山气象台在国际上也有相当声誉，曾列入英国出版的《国际气象台名册》中。1938 年春，侵华日军占领南通，气象台遭到严重破坏。中华人民共和国成立后不久，军山气象台不再承担气象功能，1998 年才得以按原貌修复。如今，经历了百年沧桑变迁的军山气象台，依然屹立于军山之巅，向我们讲述着历史风云。

军山的镇山之宝，为翡翠观音，位于山顶的普陀别院之中。翡翠观音晶莹剔透，端庄安详，从面部神情到服饰褶皱，真实自然，线条流畅。观音像高 78 厘米，宽 71 厘米，净重 362 公斤。如此之大的整

四季五山

块翡翠，世间罕见。经中国珠宝协会、中国玉器鉴定委员会和中国收藏家评估委员会三方共同鉴定，这尊翡翠观音，乃是目前世界上最大的翡翠观音坐像。此外，军山观音净瓶，瓶高 9.19 米，可称“世界之最”。而落差 45 米，横幅宽 10 多米，从悬崖峭壁直泻而下的大观瀑布，亦是迄今为止长江以北最为壮观的人工瀑布。

（三）剑山

五山中，有四山呈纵向走势，唯有一山，横向，那便是剑山。

剑山高 87.33 米，因山形极似一柄出鞘横放的宝剑，又名剑脊山；因山峰状如刀刃，又称刀刃山。关于剑山之名的来历，也有传说。2000 多年前，秦始皇为求长生不老药，遍访蓬莱、方丈、瀛洲三座仙山而不得，有一日，却来到南通五山境内，择于最高的军山上驻军（军山由此得名），又于另一座山上试剑，那山便得名剑山。

剑山是文殊菩萨在南通的道场。剑山北门，有一尊文殊菩萨卧像，连佛座在内，高 7.8 米，长 13.8 米，造型优雅圆润、古朴庄重、浑然天成。它采用仿青石材料，重金聘请能工巧匠精心雕刻而成，是中国唯一的、也是最大的卧像。

文殊院内，有树龄达 200 多年的银杏古树，当熟透的银杏果在风中落下，铺满一地，当风吹响飞檐的风铃，发出脆音，游人可以尽享王维诗歌中“雨中山果落，灯下草虫鸣”的禅意。

剑山弥勒像也颇值一观。关于弥勒佛，有一名联：“大肚能容，容天下难容之事；慈颜常笑，笑天下可笑之人。”张謇也有题联，“但有袒怀大欢喜，不嫌成佛后如来”。

此外，剑山还有一中老年人修身养性观景悦目的好去处，名为重阳亭。重阳亭始称“玄檐事”，因南通方言“檐”与“阳”谐音，又因其落成于九月九重阳节前，故更名为重阳亭。这里，悬岩陡立，松柏苍郁，极目远眺，对面狼山支云悬空，楼台亭阁，青翠山色一览无遗。夜观，更是万家灯火，一派太平盛世景象。

（四）黄泥山、马鞍山

黄泥山雄峙江边，山姿秀丽，与军山、剑山、狼山和马鞍山一起组成了狼山风景区。

黄泥山有一佳处，名为龙爪岩。龙爪岩位于黄泥山最西部，岩身多半浸于江水中，嶙峋黑褐、凸凹不平的脊石，如龙爪伸进江中，故名。岩头建有中国第一座风力发电航标灯，还有唐代鉴真和尚东渡遇险的纪念塔，此塔落成正逢高僧诞辰 1310 周年，谨以纪念。塔高 7.6 米，屹立长江之畔，江流绕塔，惊涛拍岸，江天寥廓，气象非凡。

黄泥山东冈，建有狮踞亭，是观日出、听涛声的好去处。

马鞍山高不过 50 来米，虽无崇山峻岭，却也有茂林修竹。更令人称奇的是，小山之巅，建有一座具有江南园林特色的建筑群，它就是狼山风景区内的著名景点——“梅林春晓”。

“梅林春晓”背靠悬崖、直面长江，内有曲径回栏、亭台楼阁，而此处又是江面至宽处，所以，它又有“天下望江第一楼”之美誉。

“梅林春晓”建于 20 世纪 80 年代，与中国近代实业家、教育家张謇及京剧大师梅兰芳有着一段不解之缘。

张謇先生十分喜爱梅花，曾经留下了许多与梅有关的诗文，“无限含春意，朔风吹未开。不知残雪里，已有暗香来”便是其中之一。短短四句，表达出中国传统知识分子高冷孤傲、不畏权势、圣洁脱俗的人生感悟与追求。民国初年，张謇在黄泥山、马鞍山一带广植梅花，并称之为“梅垞”。

事实上，张謇此举，不仅有寄情山水、超然物外之意，同时，也是为了纪念他与京剧大师梅兰芳的交游之谊。

1919 年 12 月，更俗剧场落成不久，张謇便力邀梅兰芳来通。首场演出，梅兰芳盛情出演他倾尽毕生心血精雕细琢的杰作《贵妃醉酒》，“海岛冰轮初转腾”甫一出口，便获得了满堂喝彩。

风华绝代的梅兰芳不仅打动了南通人，也打动了张謇。后来，梅兰芳又曾两度应邀来通，并和欧阳予倩同台献艺，南北两大家的珠联璧合，一时传为佳话。

梅兰芳来通，张謇是每演必看，而且每看必赋诗一首相赠。张謇的厚爱让当时只有 25 岁的梅兰芳十分感动，在一首回赠诗中，他深情地说：“人生难得是知己，烂贱黄金何足奇。”

近年来，马鞍山上再度遍栽梅花，“梅林春晓”已逐渐成为江上“香雪海”，这正如它大门外楹联所描绘的那样——“梅开梅落林月澹，春去春来晓风酣”。

黄泥山与马鞍山以其奇特的地貌，峥嵘崛兀的山石，斧砍刀劈般的悬崖，雄视大江开阔的视野，使它格外为游人所垂青。这一带三面江水环抱，一壁青山屏立，是欣赏夕阳晚霞绝佳之处。

三、城在水中坐

虽然地处江北，但南通更多的却是江南气息。

一条古老的濠河将它环抱，河畔的杨柳在那些晓风残月的清晨展示着它们的妩媚与婀娜——多少楼台烟雨中啊。而城中最多的是雕栏玉砌、粉墙黛瓦，黄昏的暮霭中朦朦胧胧，恰似天街小雨润如酥。还有那风帘翠幕，那绕堤云树，那十里荷花，将幽美、宁静的濠河装扮得这般风风雅雅。

（一）濠河的历史故事

南通城建于后周显德五年（958 年），作为护城河，“半是天然、半是人工”的濠河与这座城市同时形成，至今已历千余年之久，是国内现存最为完整的古护城河之一。

濠河全长 10 公里，水面面积 0.72 平方公里，最宽处 215 米，水波浩渺，极似湖泊；最窄处却仅有 10 米，又似丝带彩练。整个濠河曲曲折折，迂回激荡，呈倒置的葫芦形状，环抱着老城区，形成了“水抱城、城拥水，城水一体”的独特风貌。早在 20 世纪 80 年代，就有人将南通比作是一位貌美的少女，将濠河比作是少女脖子上的“翡翠项链”。

美丽的濠河

城在水中坐，人在画中游——这是外地人对南通韵味的精妙概括。

因为有水，南通城里桥梁众多。“你站在桥上看风景，看风景的人在楼上看你。明月装饰了你的窗子，你装饰了别人的梦。”——南通籍诗人卞之琳的这一曲美妙辞章，将一段桥上的记忆和往事吟唱得这般凄美与多情。

虽只是短短的四句，却有着无尽的意蕴在字句外徘徊，似曾相识却又无法了然。也许，只有当你走进风情万种的南通城，走到风姿绰约的濠河边，走上烟雨迷蒙的画桥时，你才能真正体会到诗人那旖旎隽永的情思，以及他所营造的那份如梦如幻的意境。

濠河上的桥

人家尽枕河，水巷小桥多。曾经，南通的濠河上那些大大小小的桥梁连接起了河畔的弄堂、街道，以及粉墙之内、黛瓦之下的楼台、院落，它们繁荣了经济，促进了交往，也孕育了这座城市的文化。

早在唐初，南通最古老的桥梁——中正桥（后称察院桥）便已经建成，它的位置在现在的十字街钟楼东南。那时候，南通还是长江入海口的一个沙洲，尚未与大陆接壤。

宋元时期，南通的桥梁主要建在城内市河及周边濠河上，其中，最著名的有虹桥、通天桥、通济桥和崔家桥等。随着经济的发展和交流的扩大，明朝成为南通建桥最多的朝代，在这 200 多年时间内，共建成大小桥梁 30 多座。清末民初，南通再次迎来建桥高潮，这一时期的桥梁大多位于交通干线和西南濠河上。

南通的桥最为人们所熟知的无疑是濠河上的 6 座桥——长桥、和平桥、友谊桥、北濠桥、文化宫桥和公园桥，自后周南通建城，它们所圈起的“六桥之内”1.1 平方公里的范围一直都是这座城市的中心区域。

长桥始建于元代，至元二年（1336 年），南通人周茂在南城门外的濠河上建造了一座木桥，这便是长桥的前身。

明成化二十三年（1487 年），通州知州傅锦将木桥改建成石桥。嘉靖三十三年（1554 年），倭寇来犯，兵临城下，前来增援的兵备副使李天宠看到拱起的石桥几乎与城墙一般高，这很不利于防务。为了保证城内守军能够占据居高临下的优势，李天宠下令将石桥拆除，重又改成木桥。60 多年后，通州名医陈实功见这座木桥破败不堪、摇摇欲坠，便再次将它改建成石桥。

从天启元年（1621 年）建成到 1954 年大修，陈实功建造的这座石桥在南城门外存在了 300 多年。1968 年，这座桥又改建为钢筋混凝土结构，从此，旧貌不再。20 世纪 90 年代中后期，南大街拓宽改造时，老桥被拆除重建，并更名为“中远桥”，但是，大多数南通人还是习惯于将它叫作“长桥”。

其实，习惯是一个方面，更重要的是，“长桥”的名称在老百姓心中有着一份沉甸甸的分量，因为有了这份分量，所以它的地位无可替代。想想看，从始建到现在，长桥已经经历了近700年的风雨沧桑，它留下了多少匆匆的脚步，铭记过多少辚辚的车辙，又见证过多少历史的风云。的确，长桥的长度不是单纯用尺子就可以丈量出来的，它记载的是一段长长的过往岁月，它还将记载一段长长的无尽未来。

和平桥始建于明朝初年，那时候，它是南通西城门外护城河上的一座木吊桥，直到民国初年大修时，这座木桥都是进出南通城最重要的通道。1957年，和平桥改建成钢筋混凝土桥梁，1962年和1971年，这座桥又进行了两次拓宽。

2004年，和平桥再次得以拓宽改造，如今的和平桥已不仅仅是南通城市主干道——人民路上的一座桥梁，而且还是濠河上的一处重要景点。华灯初上时分，漫步在和平桥上，青铜的桥栏杆、仿古的街灯，似乎在诉说着一段如烟的往事；桥南的环西文化广场则体现着南通人的时尚和大气，建造在水面上的舞台向人们展示的是现代文明的恢宏气势。

横跨于东濠河上的友谊桥，恰似一座分水岭，将十分潋滟的东濠河分割成了南北两个部分——南幽而北畅。

信步于友谊桥上，向南眺望，濠河岸边，绿树掩映之中，若隐若现的是蓝印花布艺术馆、柳叶渡和梅庵书苑的粉墙黛瓦、飞檐翘角，在那些烟雨迷蒙的季节，颇有“楼外垂杨千万缕，犹自风前飘柳絮”的意境；向北，则是宽达200多米的广阔河面，清风拂过，泛起层层涟漪，那粼粼波光不免让人想到冯延巳“风乍起，吹皱一池春水”的词句来。

建于明朝初年的友谊桥，原是南通东城门外的木质吊桥，故名“东吊桥”，又名“百子桥”。民国年间，改为混凝土拱桥；1959 年，又改建为单孔石拱桥。20 世纪 80 年代末，在拓宽人民路时，友谊桥的两侧分别加建了10多米宽的混凝土板桥，这使桥宽达到了近40米——就是这座并不起眼的桥，历史与现实却在这里实现了完美的结合。

南通有句老话，叫“通州无北门”。其实，在南通城刚刚建成的时候，通州是有北门的，并设壮健营镇守。只是由于这一带荒疏萧瑟而又时有盗匪作乱，到宋政和三年（1113 年），郡守郭凝干脆派人将北门堵塞，从此，通州才没了北门，壮健营的原址也改建成了玄武庙（又称北极阁）。

此后 800 多年间，在那些秋水共长天一色的清晨，在那些落霞与孤鹜齐飞的黄昏，天宁寺的晨钟暮鼓里，浩浩荡荡的北濠河上，只有苇叶摇曳的风声和渡口艄公孤独的身影。

1964 年，北濠河上终于撤渡建桥，是谓“北濠桥”。那时的北濠桥是一座人行便桥，宽不过 4 米，水中的土墩将桥分成南北两段。北濠河里的这座土墩在古代有个极雅致的名字叫“沚”，它是唐代以前南通还处于“胡逗洲”时期的地质遗存。

虽然北濠桥的修建方便了人们进出南通城，但是，很长一段时期，桥南是城市，桥北依然是乡村——一桥之隔，却是两个世界。

20 世纪末，随着南通经济社会的飞速发展，破败不堪的北濠桥已经无法满足交通的需求，为此，北濠桥得以重修，并拆除了河中的土墩。如今的北濠桥一桥飞架南北，桥长 210 多米，桥上设有快车道、慢车道和人行道，可谓天堑变坦途了。

濠河

南通市劳动人民文化宫是在民国时期的北公园旧址上建起来的，而说到北公园，我们不得不提起一位了不起的南通人——张謇。

这位清末状元于1898年辞官返乡，在兴实业、办教育的同时，他还十分注重提高老百姓的生活质量。因此，从1915年至1918年，他依托濠河，先后建起了北公园、中公园、西公园、南公园和东公园，时人将其合称为“五公园”。

北公园是五座公园里规模最大的一座，总面积达2.4万平方米。那时候，园内遍植草皮和青松、垂柳、国槐、桃树，建筑则是中西合璧的风格，虽小巧玲珑，却不乏典雅格调。园内还有一座环水而建的双层八角形亭子，曰“万流亭”，亭下系一小舟，名叫“苏来舫”。

想想看，那曲折迂回的廊檐桥径，那层层叠叠的亭台楼阁，那盈盈流淌的水光花影，营造的是怎样一幅风风雅雅、娉娉袅袅的图画啊——一座木质的桥梁便是通往这风雅去处的通道。

1951年，随着劳动人民文化宫的落成，这座桥也被改建成了混凝土桥，桥名亦随之变更为“文化宫桥”。20世纪末，在南通大规模旧城改造中，文化宫桥被拆除重建，现在，它已是一座设有快慢车道和人行道的现代化桥梁了。

公园桥又叫人民公园桥，建于民国后期。那时，它也是一座木质桥梁，其名称为“博物苑桥”。之所以叫这个名字，是因为它的位置就在南通博物苑前的南濠河上。

中华人民共和国成立后，南通博物苑的植物园部分被另辟为人民公园，这座桥才有了现在的名字。1964年，这座木桥被改建成了三孔钢筋混凝土桥，当时桥宽仅5米。

说到公园桥，就不得不说一说南通博物苑了。

作为中国第一个公共博物馆，南通博物苑建于 1905 年，其创始人张謇的目的在于，为南通的学子们提供一个课外学习和实践的基地。直到今天，南通博物苑南馆二楼月台上还悬挂着张謇手书的对联："设为庠序学校以教，多识鸟兽草本之名"，这副对联充分体现了张謇先生办馆的理念。2005 年，就在南通博物苑迎来它百年华诞的时候，由两院院士、清华大学教授吴良镛规划与设计的新馆落成，它与博物苑老馆是那般统一和谐——传统与现代在这里得到了完美的结合。与此同时，南通博物苑的河对岸，南通城市博物馆也建成开馆，濠河南北两岸一时文脉悠悠、文气沛然。现在，东南濠河之滨，濠南别业、城南别业古朴、典雅，博物苑新馆、城市博物馆现代、大气，每每至此，人们总会发出"时光如水、岁月如歌"的感叹。2009 年 9 月 20 日，经过 3 个月的紧张施工，一座崭新的公园桥呈现在了市民面前。虽为新建，但是，依然保持了浓郁的民国风味。

其实，除了"六桥"之外，濠河及其支流上现存的还有新城桥、启秀桥、三元桥、怡桥、西被闸桥、南公园桥、铁星桥、木行桥等，而已然消逝于人们视线的还有起凤桥、跃龙桥、端平桥、东北水关桥、望仙桥，等等。

如今，南通的桥早已朱颜尽改，但是，它们都曾有过一段或长或短的故事。而站在桥上看风景，目之所及，那湖光潋滟的一池春水，那绿树掩映的亭台楼阁，无不诉说着关于这座城市的故事和故事里的人们。所以，当你站在桥上欣赏濠河美景的时候，其实你也就打开了一段尘封的历史，一页页，一篇篇。这里有铁马冰河的血腥，也有客

濠河

来货往的繁荣；这里有艰难创业的劳苦，也有闲庭信步的恬适；这里有功成名就的荣耀，也有壮志难酬的孤独……

东风无力、冷月无声，岁月的巨手总会抚平一些与时光有关的印痕，世事的沧桑也总能让旧日的风景人事俱非。然而，濠河两岸，中国第一座公共博物馆依旧、中国第一所师范学校依旧、中国第一所戏剧学校依旧、中国第一所职业学校依旧、中国第一家养老院依旧——这些“第一”都与张謇有关。

在清末至民国的那个苍茫末世，由于张謇先生的功绩，南通得风气之先，他所开创和经营的一系列实业、教育和社会事业，让乱世里的南通老百姓过着相对安居乐业的生活，他为南通日后成为中国著名的“教育之乡”“纺织之乡”“体育之乡”和“文博之乡”奠定了基础，南通也因此在张謇身后 80 年赢得了“中国近代第一城”的美名。

（二）今日濠河风韵

南通是幸运的，濠河是幸运的——这些年，在濠河风景名胜区的建设中，南通人以这条千年古护城河为依托，严格保护历史遗存的寺街、西南营和濠南古街区，从而保留了一份典型的州府形制的古城格局和风貌。与此同时，南通人还最大限度地保留着张謇时代遗留下的大量近代园林建筑、颇具规模的环濠河博物馆群和丰富的非物质文化遗产等累积千年的人文史迹和乡俗风情，并开发了一批极具地方特色的旅游项目。

自 2018 年以来，新一轮濠河景区整治提升工程实施，以“步道成环、活水舒畅、水景通透、绿意盎然、街景亮丽、路网畅通、街区更新、文旅相容”为目标。如今，濠河风景名胜区是一个汇集自然景观与人文景观于一身的环城敞开式国家 5A 级旅游景区。2002 年荣获江苏省人居环境奖、2005 年荣获“中国人居环境范例奖”。近年，濠河被推选为“江苏最美水地标”。

今天，徜徉在濠河岸边，那绿树掩映之中的映红楼、梅庵书苑、柳叶渡、北极阁和濠西书院等建筑，虽出自今人之手，却也古意盎然，令人目不暇接。它们与丰富厚重的历史人文景观、秀丽典雅的自然风光交相辉映，显得格外妩媚、多姿，构成了濠河风景区独具水乡秀色和园林风光的特点。

随着时光的流转，南通城早已由一座偏居于江北一隅的小城发展为“参差十万人家”的繁华都市。位于东南濠河文峰塔下的那座古刹早已荡然无存，寺外三元桥头的风景也不再是旧时的面貌。然而，总有一些情愫是永恒的，岁月的逝去并不会让它们有丝毫的改变。今天，旧时月色，前朝塔影，细草微风，三元桥畔的美景良辰依然能够撩拨起我们心灵深处最柔情、最动人的那根心弦。

如今，位于西南濠河的木行桥下不再有舟子的桨声，只有桥头的柳树还在年年岁岁如期而至的春风里荡漾；昔日桥边老少咸集、群贤毕至的梦栖桐馆早已荡然无存，只有当年主人手植的法国梧桐还在寻常巷陌中婆娑。但是，人们依然记得，谁曾涉水而来，谁又飘然而去。

濠河向人们展示的是中国历史文化名城南通的形象和精神，它与南通相映生辉，它丰富深厚的内涵和底蕴、绰约迷人的风采和神态，令无数游人赏心悦目、艳羡不已——它是南通一道最为亮丽的城市风景线。

四、长寿之乡

南通是中国老龄化程度最高的地区之一。根据第七次人口普查数据显示，60 周岁及以上老年人口 231.86 万人，占常住总人口的 30.01%。其中，65 周岁及以上老年人口 175.13 万人，占常住总人口的 22.67%；百岁老人数量达 1236 人，占全省百岁老人总数的 13.6%。

（一）长寿的老人们

2020 年 7 月 5 日，家住南通开发区中兴街道富民社区的龚老太太满 100 岁，百岁寿辰当天，老人的儿女们为她准备了一身漂亮的新衣裳，灰色外套上绣着花朵，老人半白而浓密的头发梳得整整齐齐。老人身体硬朗，非常健谈，她告诉大家她长寿的秘诀：“一日三餐定时定量，心情开朗不急不躁。”像龚老太太这样的百岁老人还有不少。

2020 年 7 月 28 日，如皋首位“三无”老人唐桂英迎来了她的百岁生日。唐桂英老人原居住在如皋的安定苑小区，丈夫去世，无儿无女，2008 年 8 月入住如皋社会福利中心。据老人的侄女唐金芳介绍，老人在这里生活的这 10 多年间，福利中心每天都会安排专业人员对

长寿的老人们

她的身体状况进行检查；在伙食方面，食堂炊事员会根据她个人喜好提供符合口味的饭菜；日常照料方面，还专门安排了护理人员为她洗澡、穿衣、喂饭等。

南通市区滨河东城小区 103 岁老人夏桂英的故事更令人惊叹。这位老人，精神矍铄，身体倍儿棒，35 年来年年登狼山。有时一年一次，有时一年两三次，从没断过。

夏桂英老人生活在一个四世同堂的幸福家庭里。儿子退休在家悉心服侍，女儿一家和老人住在同一小区，方便日常照料，孙辈们对奶奶也是关爱有加。儿子夏企忠透露，儿女们都不在家的时候，老人也能主动做些力所能及的家务，生活完全能够自理。特别是在党和政府的关心下，老人每月的收入完全够她自个儿生活。“自从老家拆迁后，母亲每月能拿到退休金，而且年年增加，目前退休金达到 2480 元，另外每月还能领到 300 元的百岁老人尊老金和一份牛奶配送上门。”当问及长寿秘诀，夏企忠说，母亲平时生活简朴，基本不吃零食，营养品、保健品、长寿配方食品等根本不碰。粗茶淡饭是母亲的最爱，早餐是米粥、咸菜，午餐最爱吃的是肉鱼蛋菜，晚餐则更简单。

（二）长寿的环境因素

南通长寿现象的出现和发展，原因是多方面的。概括起来，有特定的历史背景、自然环境、社会氛围的催化，有家庭内部和谐的代际关系的孕育，更有长寿老人自身内在条件的升华。

首先，良好的外部环境，是南通登上长寿之都台阶的先决条件。南通长寿现象始于 20 世纪 80 年代，恰与改革开放同步出现。这并非时间上的巧合，而是有着内在的因果关系的。40 年的经济快速发展，极大地改善了城乡人民生活，为人们改善生存环境、生活条件、生命质量提供了必备的物质基础。1984 年经中央批准，南通成为中国首批对外开放的 14 个沿海港口城市。此后在实施江苏沿海开发和“长三角一体化”的发展战略中，充分发挥了叠加优势。近 10 年，各项经济指标的增幅一直高于全省平均水平。2010 年年底，全市各县（市）区全面达到省定小康标准，并继续朝着高标准的小康目标迈进。城乡居民养老保险、医疗保险并轨运行，公共社会保障水平和城乡居民收入不断提高。这些事实表明，良好的政治氛围、快速的经济发展是长寿现象形成和发展的物质保障。

其次，良好的生态环境，更是百岁老人赖以生存的基础，是促进长寿现象群体化、规模化、区域化的前置条件。南通地理位置独特，自然条件优越，四季分明，日照充足，雨量均匀，无霜期长，灾害性天气较少，历来是全国农业生产基地和稳产高产地区，这也十分适宜人们颐养天年，悠然生活。

最后，浓厚的社会敬老、助老氛围，与长寿现象有着密切的正相关。传统孝文化、寿文化，在新的历史条件下得到了升华，并赋予了新的内涵。为民办实事的江海志愿者遍布城乡，隐姓埋名的凡人善举，“莫文隋”[3]精神的兴起，首先得益的是庞大的年长者。南通精神文明建设的实际，被中宣部作为公民道德建设的典型；各级政府先后出台和修订优待举措；社会保障和供养标准不断提高；失独、失地、失能、失智老人和“三无”老人救助范围持续扩大。城乡建立了80岁以上、90岁以上和百岁以上尊老金制度，老人们处处得到尊崇和呵护，晚年生活更加温馨。

除了良好的外部环境外，营造温馨、和谐的家庭氛围，构筑融洽的代际关系，为孕育长寿老人编织了成长的摇篮。当今南通数以百万计的家庭在老有所养中仍然处于主体性地位，发挥着基础性作用。尽管家庭日趋小型化、核心化，但仍然是维系代际亲情关系的载体，传承中华孝文化和伦理道德的主渠道。高龄老人一步步成长为期颐老人，主要靠家庭的呵护。老年人进入百岁阶段，户外活动大幅度减少，受行走等条件限制，社会交往日渐稀疏，活动空间主要在家庭的亲人之

---

[3] 莫文隋，意思是“莫问谁”，“莫文隋”精神即雷锋精神，是南通市特有的助人为乐、做好事不留名的精神符号。

间。这时，家庭氛围、代际关系，对于老人的精神生活乃至寿命长短至关重要。

（三）养老服务体系建设

南通各地的民风素来淳朴，很多晚辈把赡养百岁老人看作是一件十分荣耀和令人羡慕的好事。按传统习惯，老人主要靠儿子赡养，这些年这种观念有所改变，女儿、女婿、孙辈甚至侄孙辈，都积极主动地关心百岁老人的生活，使赡养渠道呈现多元化的格局。

构建居家社区相协调、医养康养相结合的养老服务体系，是因应老龄社会挑战做出的一项战略举措。

在目前第七次全国人口普查中，2020 年南通全市户籍人口为 760 万，60 周岁以上户籍老年人口达 234 万人。人口老龄化、高龄化，使渴望外力帮助的老年群体大幅攀升。老年群体在养老方面的诉求，概括地说主要是四点：物质供养、生活料理、心理调适和医疗保障。

关于养老问题。有人认为，中国人口多、底子薄，养老只能依靠家庭，别无出路；也有人主张，既然家庭养老遇到新的难题，就应该由社会或政府承担起责任，实行“养老社会化”。真所谓见仁见智、不一而足。查阅资料发现，在 1999 年南通举办的一次老有所养研讨会上，多数文章的作者主张以居家养老为主，辅以社会养老服务，包括兴办老年公寓、护理院等。从近几年的发展来看，当时这种认识是站得住脚的，切合中国实际的。如今，南通乃至全省、全国都正循着这条路子走来。

事实告诉我们，今天传统养老模式尽管遇到种种麻烦，但如果完全舍弃家庭，把千家万户的养老责任统统推向社会和政府，既不符合中国国情，不适应现阶段生产力的发展水平，也有悖于人们特别是老年人的心愿，因而是不可取的。但是既然家庭养老矛盾重重，全社会和各级政府就不能坐视不管、无动于衷，他们有责任从宏观上给予引导和帮助，让人们共同走出一条符合中国国情的养老途径。

加强养老服务体系建设，是应对人口老龄化、保障和改善民生的必然要求。“十三五”以来，面对严峻的人口老龄化形势，南通抢抓养老服务业发展机遇，以全国居家和社区养老服务改革试点以及国家级医养结合试点单位创建为契机，着力强化统筹协调、完善政策体系、做好资金保障、加强基础建设、规范服务管理，南通居家和社区养老服务改革创新发展，设施建设全面提升，城乡困难老年人基本养老服务得到有效保障，形成了特色鲜明的“机构 + 社区 + 居家”的链式养老服务模式。

从 2018 年开始，南通积极推进这一模式，鼓励养老机构向社区延伸，承接老年人日间照料服务。南通市民政局出台《关于推进全市养老机构开展居家和社区养老服务的若干意见》，目前已在崇川区、如皋市开始了养老机构承接社区居家养老服务试点。崇川区已全面施行“链式养老服务”，如三里墩护理院承接了学田街道居家养老服务，天润老年公寓承接了虹桥街道、观音山街道居家养老服务，阳光老年公寓承接了文峰街道的居家养老服务等。如皋市长寿星养老服务公司在公建民营丁堰镇敬老院的同时，承接了丁堰镇 10 个社区的居家养老服务。

这几年在政府一系列相关政策的扶持下，养老机构开始呈现蓬勃多元发展的局面，敬老院、护理院、居家照护中心、长者驿站等如同雨后春笋。截至 2019 年底，全市共有养老机构 249 家，由社会力量举办养老机构 168 家，其中公建民营 19 家。机构养老床位 5.2 万张，其中护理型床位占比达到 60.68%。社区居家养老服务社会机构承接率达 70%，市区超 90%。

（四）世界长寿之乡——如皋

如皋市是南通所辖县级市，位于长江下游北岸。如皋市户籍人口约 142 万。统计数据显示，截至 2020 年 1 月 1 日，如皋市百岁老人为 524 位，比上年新增 84 位。百岁老人中，105 岁以上的 16 位，其中最年长的男寿星为东陈镇万富社区 110 岁的刘记贵老人，最年长的

长寿的老人们

女寿星为长江镇义圩社区 109 岁的孙文英老人。

如皋是“世界长寿乡”，近年来，该市先后出台一系列养老、惠老政策，全市尊老敬老孝老助老蔚然成风。

对于大家关心的如皋长寿秘诀，众多研究发现，自身因素占了大半。第一，早睡早起，起居有常。老人们在生活习惯上承袭了古代“日出而作，日落而息”的生活方式，坚持早睡早起。第二，饮食有度，兼收并蓄。百岁老人对饮食无过分要求，粗茶淡饭，不过于挑剔。南通如皋地区主食大米，农村玉米、麦子杂以豆类，菜类以新鲜蔬菜为主，肉鱼蛋间隔，一日三餐，两稀一干或两干一稀。第三，香烟不沾，酒量适度。农村饮酒多为软性米白酒，很少饮用烈性酒。第四，勤勉劳作，练就体质。百岁老人饱经沧桑，一生勤劳俭朴，进入百岁之后，很多仍从事着一定的家务劳动或经营自留地。第五，豁达大度，情绪开朗。绝大多数对自己生活、对周边环境、对一生的评价，总是持乐观态度，很少低落的情绪。在家庭成员或邻里之间、人际关系上，也讲求融洽。年轻时就养就宽宏大度、与人为善的心态，真有“宠辱不惊，闲看庭前花开花落；去留无意，漫随天外云卷云舒”的意境。

如皋人口长寿，文化因素作用凸显。不少专家称，如皋长寿靠文化长寿，靠智慧长寿，这是很有道理的。教育的普及，促进了文化艺术的繁荣，如皋盆景、篆刻、风筝、丝毯、壁挂等在全国都自成流派，享有盛誉。文化艺术不仅能活跃气氛，创造长寿养生的良好环境，而且参与者直接受益，成为长寿人群。

再来说说如皋的长寿美食，更是让人垂涎三尺。如皋美食文化风靡长三角，驰名国内外，香糖芋、黄芽菜、银杏果、黑塌菜、如皋萝卜、西乡红薯、白蒲茶干、林梓潮糕、蒿儿团、蟹包鱼丸、香肠、肉松、火腿、灌汤蟹包……作为如皋传统名特优食品，受到众多食客的欢迎。且自古以来，如皋人有喝早茶的习惯，喜欢吃五谷杂粮，吃饭必喝汤，喝汤必放姜。

当然，也有人说如皋的长寿是与土壤有关，当地的土地富含微量元素——硒，硒有清除自由基、抗衰、防癌症的功效。中国人民解放军军需装备研究所的研究员刘嘉喜、耿战辉等在《如皋——长寿之乡的启示》中记述：如皋本地所产蔬菜水果、粮食作物以及肉类制品，都具有抗氧化营养素种类较为齐全、含量较为丰富的特点，尤以萝卜、玉米、火腿等含硒量和含维生素 E 和胡萝卜素量，明显高出其他地区几倍到几十倍。中国科技大学理化科学中心陈树榆等人对如皋人群的头发进行了分析，发现含钙、镁、锌、铁、硒等元素较多，尤以抗衰老微量元素铁和硒显著高于全国其他许多省市，这是如皋食物中微量元素多于其他地区的明证。

总而言之，百岁老人多，可以概括出这样的公式：“百岁老人 = 优良的外部环境 + 温馨的家庭氛围 + 良好的自身素质”。这三者相辅相成、不可偏废。

第二章

江尾海头的明珠

打开中国版图，处于沿海经济带与长江经济带 T 型结构交汇点和长江三角洲洲头的城市只有两个，一个是上海，一个是南通。

万里长江如入海的巨龙，南翼是上海，犹如巨龙的上颚，南通就是巨龙的下颚。早在 20 世纪 90 年代，全国政协委员就提出，上下颚形成整体咬合力，才能充分发挥带动作用。

一、通江通海通上海

长江奔腾万里，最宽处就在南通。南通，是一座为通而生的城市。后周显德五年建城之始，通州之名，就寄托了南通先民们对通的向往。然而，江之尾海之端，特别是长江天堑导致的“南通南不通”，一度是南通人心头之痛，对“通”的向往，南通人矢志不渝。

20 世纪中国改革开放初期，南通被列入沿海首批 14 个对外开放城市，通江达海的区位显现；1993 年通航的南通机场，是江苏最早通航的民用机场，让南通插上了腾飞的翅膀。进入 21 世纪，苏通大桥、崇启大桥建成通车，打通了过江通道的瓶颈；当和谐号动车，复兴号“绿巨人”动车驶入南通，南通的铁路梦实现了。

南通动车所

“过去有一句话概括南通，就是‘靠江靠海靠上海’，在新一轮发展当中，我们要努力把‘靠’改为‘通’，变成‘通江通海通上海’。”2019年，时任南通市市长的徐惠民在参加江苏《政风热线市长上线》直播时，如是表述。

“一字之改，折射了南通主政者独到的观察思考。”上海社会科学院原副院长何建华撰文点评道。他指出，交通问题一直是南通发展的一个瓶颈，如今长三角一体化发展规划中提及的北沿江高铁、南通新机场、通州湾等，无一不将对南通以及长三角北翼产生巨大影响。“社会发展、时代进步与经济建设的推进，一步步将南通推上了厚积薄发的大舞台。”

北沿江高铁、南通新机场、通州湾海港等一批足以重塑区域交通格局的战略性工程已被写入《长江三角洲区域一体化发展规划纲要》，“通江通海通上海”正在成为南通人民幸福生活的写照，长三角核心区一座充满发展活力和潜力的城市开始绽放光芒。

（一）区划调整开启“大城时代”

2020 年 7 月 17 日，江苏省政府公布消息，经国务院批准，南通部分行政区划调整：撤销南通市崇川区、港闸区，设立新的南通市崇川区；撤销县级海门市，设立南通市海门区。

2020 年 7 月 23 日，南通市委十二届十一次全会审议决定“两区一市”有关机构的撤销、设立和更名。

2020 年 7 月 28 日，崇川区、海门区揭牌成立。

从公布消息到揭牌成立，短短 11 天，“两区一市”区划调整迅速到位。这标志着正处于长三角一体化发展重大机遇风口的南通，改写城市新格局，提升城市能级和首位度，进入“大市区”发展新阶段，为全力冲刺 GDP 万亿俱乐部增添新动能。

南通此次区划调整，有一点为许多人所津津乐道：海门下辖的海永镇是一块“飞地”，坐落于上海的崇明岛上，紧挨着崇明区。这也意味着，海门撤市设区后，在地理空间上，南通从此实现了城区和上海市辖区之间的无缝衔接。

这是南通继迎来“大桥”（沪苏通长江公铁大桥）、启动“大港”

（通州湾新出海口）建设之后，又迎来了“大城”时代。

有了海门区“加持”后，南通市区面积由原来的 1500 多平方公里跃升至 2460 平方公里，市区常住人口突破 300 万人。调整到位后的南通三区（崇川区、通州区、海门区）经济总量均分别接近 1400 亿元，大市区形成了“三驾马车”并驾齐驱的态势。

合并，并非简单相加，而是被寄予提升城市能级的殷殷厚望。这轮调整，南通不仅是城市“做大”，更要“做强”。

通过外延扩张加内部整合，双管齐下做大市区版图，同时做强核心城区，从而提升城市能级。中规院江苏分公司首席规划师、南京新时代规划研究院院长邹军认为，南通采用做大做强主城区的经典手法精准施策，将为南通加快建设现代化大城市、在长三角一体化发展中发挥更大作用创造无限可能。

2020 年 8 月 1 日，南通市委十二届十二次全会提出，南通要抓住区划变更契机，谋划城市发展格局，打造“长三角一体化沪苏通核心三角强支点城市”。加快建设综合交通新枢纽、双向开放新门户、高端制造新中心、创新创业新首选、市域治理现代化新样板，乘势而上提升城市发展能级。

当前，南通集“一带一路”、长江经济带、长三角一体化发展三大国家战略于一身，发展机遇千载难逢、百年未有。此次区划调整，对于南通更好落实长三角区域一体化发展等国家战略，加快提升城市综合承载力、资源配置力和区域竞争力，加快全方位融入苏南、全方位对接上海、全方位推进高质量发展，必将产生深远影响。

沪苏通长江公铁大桥

（二）跨江融合步伐不断加快

2020 年 7 月 1 日，沪苏通长江公铁大桥暨沪苏通铁路正式开通运营。作为长三角城市群之间的连通，沪苏通大桥将进一步缩短苏中乃至苏北地区通往上海的距离，对完善长三角地区铁路网布局和区域综合交通运输体系、推进长三角区域一体化发展有着重大意义。

对于南通来说，南通至上海之间铁路出行路径“曲线变直线”，由此翻开沪通两地协同发展的崭新一页。

抢抓历史性机遇，南通全力以赴推动空铁枢纽、江海联运枢纽建设，系统谋划并优化布局过江通道、高速公路、干线公路等基础设施，全面构建具有竞争力、影响力的综合交通体系，勾画出建设上海国际航运中心北翼江海组合强港、长三角北翼重要航空港的宏伟蓝图，南通全国性综合交通枢纽地位呼之欲出，与上海、苏南交通一体化即将成为现实。

“八龙过江”蓝图正在绘就。在现有苏通大桥、崇启大桥、沪苏通大桥三条过江通道基础上，还将开工建设北沿江高铁和张皋通道，2021 年已开工苏通二通道、海太通道，“十四五”期间将形成“八龙过江”交通格局。

空铁枢纽呼之欲出。南通新机场规划年旅客吞吐量 4000 万人次，已与上海签订合作共建协议，将依托北沿江高铁，加快打造“城际轨道上的机场”，与上海虹桥、浦东机场一起构成上海国际航空枢纽的主枢纽。

江苏新出海口加快推进。2020 年 6 月 29 日，通州湾新出海口重点工程集中开工仪式举行。南通把新出海口作为未来发展新引擎，以

“一年建设、两年开港、三年成规模”为目标，建立“大通州湾”体制机制，推动沿海港口规划“一张图”、布局“一盘棋”、资源“一本账”，全市域沿海开发、江海联动的大格局全面推开。

紧抓机遇，南通跨江融合步伐不断加快。深入贯彻长三角一体化发展《规划纲要》和省《实施方案》，制订我市行动方案和重点任务、重大平台、重要改革举措“三张清单”，12个项目列入省长三角一体化发展推进计划。推动全方位融入苏南、对接上海，2020年4月，市党政代表团赴苏南考察交流，分别与苏州、无锡签订《关于加强跨江融合发展战略合作协议》。围绕打造跨江合作样板，推动苏通、锡通两大科技产业园区一体化运作，苏锡通园区设立获省政府批复，为跨江联动、区域协同发展提供一流载体和平台。举办2020“百企结对·携手并进”跨江融合发展大会，苏锡常通20家商会协会、75对企业签署结对文本。

一个个重大工程的快速推进，一项项务实举措的落地落实，标志着长三角一体化等国家战略正加快落地，为南通迈向跨江融合发展新时代、打造江苏发展新增长极注入澎湃动能。

（三）决战“过万亿”夺取“双胜利”

城市能级的竞争，说到底是经济实力的竞争。一座城市实力有多强，GDP有没有过万亿，是衡量标准之一。“过万亿”，标志着城市综合实力、发展能级和战略地位的全面跃升。

2020年年初，南通市委提出，决胜经济总量“过万亿”，为高水平全面建成小康社会和“十三五”规划圆满收官。

崇启大桥

随着长三角一体化发展等多重战略机遇加快落地转化，南通迎来了百年未有之大机遇。站在“过万亿”门槛上的南通，正迎来万众瞩目的“高光时刻”。然而，一场突如其来的新冠肺炎疫情对经济社会发展带来了前所未有的冲击和影响，也给南通“过万亿”增加了较大的难度系数。

南通“期中考”成绩如何？2020年8月1日，南通市委十二届十二次全会亮出了这份成绩单：全市上下团结一心、共克时艰，坚持“两手抓、两手硬”，疫情防控取得阶段性成效，经济发展也特别亮眼——上半年，南通实现地区生产总值4664.4亿元，增长2.0%，增速全省第二；加上工业增加值、工业应税销售等指标，增幅全省第一。

“黑天鹅”影响还在继续，实体经济发展面临不少困难，内外需求不足问题更加凸显，也给“过万亿”增加了较大的难度系数。年初目标是否降一降？

越是非常时期，越要立非常之志、行非常之举、建非常之功。市委十二届十二次全会向全市发出了决战“过万亿”、夺取“双胜利”、奋力开拓“强富美高”实践新境界的号召，要求全市上下务必以“咬定青山不放松”的韧劲、“不破楼兰终不还”的拼劲、“踏平坎坷成大道”的闯劲，在危机中育新机、于变局中开新局。

二、江上的道道彩虹

作为长江入海前的最后驿站，享有“中国近代第一城”美誉的南通，是中国最早按照现代化理念建设的城市。但是，由于长江阻隔，南通一直受制于“南不通”。长江南岸的苏州、无锡、常州等兄弟城市早已迈入高铁时代，北岸的南通却“抱金盆，难腾飞”。进入21世纪以来，时代的镜头再次定格这条大江，新一轮跨江融合发展的大潮激流奔涌，一座座跨江通道在江海儿女的期盼下开建。

（一）滚滚大江起长虹

苏通大桥2008年通车、崇启大桥2010年通车、沪苏通长江大桥2020年通车……滚滚大江起长虹，一桥飞架南北，天堑变通途。它们都是世界级的超级大桥，书写了中国桥梁史上新的一页，把中国人跨越天堑的能力和信心提升到新的高度，更点燃了江海儿女再创一个激情燃烧、干事创业火红年代的豪情。作为一座既得益于长江又受制于长江的城市，拨开岁月的烟尘，过江通道历来承载着南通人全面融入苏南、接轨上海的愿景。

桥，飞架南北；路，连通四方。从“通在大江最宽处”的苏通长

苏通大桥

江大桥，到“长江入海第一桥”的崇启大桥，到“虹起沪苏通、龙腾长三角”的沪苏通长江公铁大桥，再到国家规划支持、正在形成的“八龙过江”格局。南通，昔日的交通末梢正“破茧成蝶”，一步步蜕变成全国性综合交通枢纽。在长三角的核心圈层，上海、苏州、南通三地，一个崭新的一体化融合发展新时代由此开启……

按照提升交通能级，加快交通互联互通要求，目前全市 166 公里长江岸线上共规划了 8 个过江通道与苏南、上海对接。在苏通大桥、崇启大桥、沪苏通长江公铁大桥等 3 座大桥建成通车的基础上，张皋通道、苏通第二通道已开展工可研究，崇海通道和北沿江复合过江通道已列入上位规划，海太通道已纳入新一轮省高速公路网规划获省政府批复。

“跨江融合”是江苏全域一体化发展的重中之重，从拥江发展到跨江融合，事关南北协同发展之大局。在国家长三角一体化的格局中，过江通道的建设将促使南通以更大的气魄与胸怀跨越天堑，跻身“上海1小时、长三角3小时交通圈”，确立区域交通枢纽地位。天堑终变通途，跨越的不仅仅是物理空间，也连接起历史、现实与未来，更有文化的传承与交融、人与人的联系与交流。江海交汇之处，密集快捷的交通网，打通“三个全方位”的“任督二脉”，产业发展必将因“通”而强，经济格局必将因“通”而变，城市形象必将因“通”而美，百姓生活必将因“通”而活。

通江通海通上海。借助这一座座过江通道，南北畅通，南通因之更加“血脉通畅”，城市地位大幅提升，并带动产业、创新、人才等领域全方位跨江联动、深度融合，在区域发展中抢得先机。根据国家及省最新规划，“十四五”期间，与南通相关的通苏嘉甬、如通苏湖等城际铁路，张皋、海太等一批过江通道也将加快规划建设，“八龙过江”的交通格局正在形成。

（二）跨越12年，两座跨江大桥的变与不变

在长江澄通河段，现在已经有两座大桥：位于徐六泾桥位的苏通长江公路大桥和位于五接—芦泾桥位（即常说的“锡通通道”）的沪苏通长江公铁大桥。前者开工于2002年，竣工于2008年；后者开工于2014年，竣工于2020年。

两座大桥拥有诸多共同点：它们震撼世界的跨越，都是主跨超过千米的斜拉桥，都圆了南通人跨越长江天堑的千年梦想，都实现了中国沿海黄金大通道的跨江牵手，都为构建长三角城市带发挥了重要的作用。它们也都曾在通车之际收获了举世公认的赞叹：苏通大桥被时

任科技部部长的徐冠华院士誉为“中国自主创新的一面旗帜”，沪苏通大桥被中国铁道学会理事长卢春房院士评价为“人类实现了高速铁路条件下跨越能力的又一次突破”。

在主桥所架钢梁方面，苏通大桥的钢梁是箱梁，一种超薄型箱梁，且采用了风嘴设计，可以有效地缓解徐六泾风浪区强劲的风力对大桥本身的冲击，首度实现了斜拉桥的千米跨越。沪苏通大桥的钢梁采用了新型的钢箱与钢桁的组合，做到了上层跑汽车，为双向六车道高速公路；下层跑火车，为四线铁路。沪苏通大桥的建设者在研究了国内外钢梁制造架设的基础上，提出了大节段整体焊接制造、整体运输架设的新工艺，减少了现场安装工程量，保证了钢梁质量的同时，极大促进了钢梁制造和架设技术的进步。

作为斜拉桥，索缆是两座大桥最主要的受力结构。苏通大桥采用当时强度最高的斜拉索，凝聚着中国钢铁企业对桥梁跨越的技术支持。沪苏通长江大桥则采用了更优化的三代斜拉索。如果把铁路的荷载换算为公路荷载，它相当于 48 车道的高速公路，总荷载远远大于双向 6 车道的高速公路。在斜拉索索力调整阶段，是一个牵一发而动全身的阶段，苏通大桥经过了复杂的索力调整和计算，时间也格外漫长。而沪苏通长江公铁大桥的斜索作用借助了新型人工智能技术，全桥 432 根斜拉索，每一根都经过了两次调整，调整时间大大缩短，最终，全桥的线型精准达到了设计要求。

两座大桥的桥面铺装要求都很高，都要求在钢桥面上铺装沥青混凝土，都要求时速 100 公里的疾驰汽车能在规定的距离内刹车。两座大桥都采用了中国自己的摊铺技术。不同的是，苏通大桥主桥在首次

沪苏通长江公铁大桥

摊铺时使用了进口沥青。时隔 12 年，沪苏通长江公铁大桥采用了“中国技术 + 中国沥青”的组合。

苏通大桥和沪苏通长江公铁大桥都锻炼了一支世界一流的建设者联合体，他们在珠三角、长三角和川藏铁路再建奇功。就南通建设参与度来讲，在整个设计与施工过程中，南通方面对苏通大桥的贡献主体集中于前期，施工阶段主要是由中国桥梁国家队大显身手。就沪苏通长江公铁大桥而言，南通队的贡献几乎涵盖了大桥施工的全过程。

从前期开始，到巨型沉井基础的制造与运输、先进的 Q500 桥用钢梁、架梁所用的 4 台 1800 吨架梁吊机，到最后的沥青混凝土摊铺，无一不是南通队与国家队共同努力的结果。

两座大桥，时隔 12 年，这也从一个侧面折射出中国由世界桥梁大国向世界桥梁强国的跨越。正如中国科学院院士、同济大桥教授孙钧所说的，从 1088 米到 1092 米，不要小看了这 4 米，新材料、新装备、新工艺更多，技术含量更高，是一座新的丰碑。

三、跨入高铁时代

（一）坐着火车跨越长江

1895 年，在张謇先生“一城三镇、城乡相间”规划格局中，交通枢纽天生港通源、通靖两座近代意义上的码头，开启了南通区域交通由“濠河时代”向“长江时代”迈进的征程。

一个“通”字，跨过长江、通向南岸，对南通人来说有着特殊的意义。尽管苏通大桥、崇启大桥两座公路大桥相继通车，但铁路一直未能在长江口跨江贯通，既是南通人的一大遗憾，也成为长三角交通建设的一大短板。直到 2020 年 7 月 1 日，沪苏通铁路开通运营、沪苏通长江公铁大桥建成通车，才弥补了这一缺憾。在党的 99 岁生日这天，南通人民收到了一份超级大礼：坐上火车过江去，滔滔江水度若飞。千百年来，高铁出行、直通上海这幅理想中的幸福画面，而今触手可及。这一天，南通人只关注两个关键词：大桥和动车。或亲临现场，或收看直播，大家的眼神、讨论的话题、相机的焦点，始终没有离开过沪苏通长江公铁大桥和南通高铁西站。天风浩荡，大桥巍峨。沪苏通长江公铁大桥揭牌仪式结束后，99 辆客车、卡车、货车率先通过桥面。车厢里，乘客们欢笑着挥舞国旗；桥面上，大家欢呼着挥手致意，

南通动车所内景

在一片祝福声中，开始全新的生活之旅。

沪苏通长江公铁大桥是继南京长江大桥之后，江苏省第二座公铁两用大桥，结束了长江南京下游没有铁路过江通道的历史，有力提升了跨江融合发展能力。“我们终于可以在家门口坐上火车，跨越长江，直奔苏南，直达上海啦！”经过漫长的岁月等待，成千上万的市民涌向南通西站，和首发列车一起感受交通改变生活的盛况。

沪苏通铁路北起南通市平东站，向西南由南通西站、沪苏通长江公铁大桥，经张家港、常熟、太仓，出太仓站后分两支，分别引入京沪铁路安亭站和浦东铁路。项目全长 259.4 公里，其中南通至安亭 136.7 公里（南通境内 25.7 公里），设计时速 200 公里，总投资 360 亿元。由沪苏通长江公铁大桥贯通带来的沪苏通铁路飞驰，无疑是长三角“北翼”腾飞的强大动力。南通的跨江一体化发展、南通人的出行，随着这条铁路的开通而产生“加速度”。

沪苏通铁路

南通地处长江口，江面宽阔。沪苏通铁路从此处跨长江，其难度远远大于武汉、南京，以及后来的九江、芜湖、铜陵、大胜关诸多长江大桥。检索南通市铁路办编印的《沪苏通铁路大事记》，人们发现10余年前甚至更早，南通人就在为铁路跨越长江而上下求索。2005年，上海至南通铁路可行性研究提上日程，经交通、水利等部门多年的研究论证，共提出5个桥位方案，最终确定锡通桥位方案；2008年2月，国家发改委批复立项；2012年12月，国家发改委批复可行性研究报告；2013年12月中国铁路总公司和江苏省人民政府批复初步设计；2014年3月1日，正式动工兴建。

沪苏通铁路的建设，使南通成为沿海铁路大通道和长三角城际轨道交通网的重要交通枢纽，极大缩短南通与上海及苏南地区的距离，对于南通建设以上海为龙头的长三角北翼经济中心，具有极其重要的意义。

（二）城市影响力和竞争力倍增

沪苏通铁路以及沪苏通长江公铁大桥的开通，彻底改变了南通人的出行方式。过去市民坐火车只能往西、往北到西安、北京等地，现在可以往东、往南直达上海、杭州、厦门、广州、深圳等地；过去南通坐火车到上海要从南京绕行，用时4个多小时，现在可以直达，仅需一个半小时左右；过去南通开车到无锡只能从苏通大桥或江阴大桥绕行，现在走锡通高速不仅能避开拥堵，更能节约近1个小时。

作为一条全长137.47公里、设计时速200公里的双线电气化铁路，沪苏通铁路也是沿海铁路通道和长三角城际轨道交通网的重要组成部分。建成开通后，与盐通铁路、连盐铁路、青连铁路、青烟威铁路形成无缝对接，连云港也能够实现 3 小时直达上海。沪苏通铁路也是 2020 年江苏省、上海市开通运营的第一条铁路。

值得一提的是，沪苏通铁路一期开通运营后，从南通站出发开行列车均为“C”字头的城际列车。所谓城际列车即在城市之间开行的旅客列车，一般行驶在人口密度较大、经济较发达、人口流动很大的地区，具有线路长度相对较短（通常最长 300 公里左右）、停站较少、设计旅客发送量大等特点，此前开通运营的京津城际就是“C”字头。上海至南京也首次开行“C”字头城际列车，全程约 4 小时。伴随着盐通高铁开通运营，苏北、苏中与上海、浙江之间将形成一条便捷的沿海铁路通道，极大便利沿线群众出行。

沪苏通铁路的通车，对南通“全方位融入苏南、全方位对接上海、全方位推进高质量发展”有着重大意义，影响极为深远。首先体现在提升城市能级。南通虽然靠江靠海靠上海，但因为长江的阻隔，区位优势未能充分发挥。沪苏通铁路不仅仅解决了百姓的出行问题，也让城市连接更加紧密，使南通成为真正意义上的上海大都市圈北翼门户城市，城市影响力和核心竞争力将实现倍增。

其次是增强经济活力。上海、浙江、广东是中国经济最为活跃的地区。随着沪苏通铁路的建成通车，无论是南通的招商引资还是对外开放，都将会有更多的得益。同时，也有利于打造交通枢纽。沪苏通铁路建成通车后，与南通既有交通工程以及正在规划建设的南通新机场、北沿江高铁、通州湾新出海口等一道，使南通区域性交通枢纽地位更加稳固，为打造全国性综合交通枢纽提供坚实支撑。

此外，沪苏通铁路还是提高苏北铁路经济效益的关键。沪苏通铁路与苏北的宁启铁路、新长铁路、盐通高铁连接在一起，构成了长江北岸的沿海通道，对提高苏北铁路的运输经济效益具有积极意义。

（三）改变南通长期“地无寸铁”的格局

南通人的铁路梦，已历百年。早在1921年，清末状元张謇开始在海门青龙港谋划建设铁路，但洋务运动后期，津浦铁路和沪宁铁路的规划走向，形成了南通长期“地无寸铁”的格局。南通铁路事业真正发力是中国改革开放后的20世纪90年代，从“地无寸铁”到连线成网，再到逐步迈向铁路枢纽门户，南通铁路实现了从量的积累到质的跨越，不断延伸的铁轨改写着南通在中国铁路版图中的地位。

2000年6月28日，新长铁路苏北段贯通，改变了江海大地“地无寸铁”的历史，南通公、铁、水、空综合交通体系由此逐步形成，圆了南通人百年铁路梦。2005年7月1日，宁启铁路南京至南通段客运投入运营，南通铁路迈出了“由线到网”的关键一步，南通与省会南京的铁路联网，实现了“通宁梦”。2007年4月18日，“一线三中心”[1]工程完工。“一线三中心”工程总投资9.85亿元，新南通火车站规模扩大为11900平方米。“一线三中心”的建设，使南通站具备了始发长途旅客列车的条件，对改善对外交通条件，融入全国铁路网，提升城市形象，满足日益增长客运市场的实际需要，促进地方经济发展具有重要意义，同时也使南通成为与北京开行直通列车的地级城市，真正实现了“通京梦”。

[1]“一线三中心”是指南通至南通东一条线路以及客运中心、维修中心、物流中心。

宁启铁路南通站

2014 年 1 月 16 日，海安至洋口港铁路通车，迈出南通铁路通江达海的第一步，初步实现“通港口梦”。2014 年 12 月，全长 93.6 公里、总投资 65 亿元的宁启铁路二期（南通至启东）破土动工，揭开了宁启铁路“东进”序幕。宁启铁路是国家铁路网“八横八纵”重要通道之一，是国家沿海开发战略的一项重大工程，将构建江苏省东部向西部地区运输的便捷通道，打造长三角北翼交通运输通道。

2015 年 12 月 27 日，宁启铁路复线电气化工程竣工并试通车。当天，由南京站始发的 D55703 次动车稳稳地停靠在南通火车站。首列动车开进南通火车站，标志着南通迈入动车时代，标志着南通大交通格局进一步完善，作为国家铁路枢纽门户城市的地位将更加突出，朝着国务院关于长江经济带综合立体交通走廊规划中的“南通加快建设重要区域性综合交通枢纽（节点城市）”目标又迈出了坚实一步。

2015年，北沿江高铁、三洋铁路、通苏嘉城际等多个项目初步纳入国家《中长期铁路网规划（2016—2030年）》。2019年，宁启线上“绿巨人”开跑，复兴号动车全新上线，启东、海门人民在家门口迎来动车出行新时代，去南京再也无须从南通换乘。

30年来，南通人一步步实现了“从无到有”“从线到网”“从普铁到动车”的跨越，如今正向着“长三角北翼铁路枢纽”的战略目标大踏步前进。

（四）铁路先行，依然任重道远

南通人的出行记忆中，曾经绿皮火车人在“囧途”，而今飞驰动车人在“坦途”。按照四网融合的理念，轨道交通与上海无缝换乘方案已经在路上。沿江沿海铁路、疏港铁路建设和功能提升，打造江海铁组合港，增强港口发展竞争力。“高铁建枢纽，普铁成网络，货运连江海，客运通四方”的美好蓝图即将从梦想变为现实。

铁路具备安全、便捷、高效、绿色、环保等诸多优势，在现代综合交通体系建设中处于骨干地位，必将成为交通强国的“先行者”。就目前南通现状而言，铁路在综合交通运输体系中的占比率还较低，铁路先行任重道远。

近年来，南通铁路建设取得了一定成绩，但从服务重大战略实施、推动高质量发展走在前列、构建现代综合交通运输体系、满足百姓对高品质铁路出行的要求来看，总体上还处在一个提速建设、扩大有效供给的关键期。

2020 年喜报频传，沪苏通铁路顺利打通国家沿海铁路大动脉，使南通一跃成为“承南启北”的重要铁路枢纽，跨江接轨上海的桥头堡；盐通铁路将成为南通首条高速铁路，与其同步建设的动车所将使南通成为继南京、徐州后全省第三个铁路枢纽城市。这些项目建设将为南通构建“长三角北翼铁路枢纽”打下坚实的基础。

展望南通铁路“十四五”规划，将重点围绕建设“空铁枢纽”，打造“轨道上的机场”，推动北沿江高铁可研获批，争取过江通道关键节点提前开工；围绕建设通州湾“新出海口”，加快通海港区至通州湾铁路建设、洋吕铁路前期工作；围绕长三角区域一体化，促进国家干线铁路、城际铁路、市域（郊）铁路、城市轨道交通四网融合，构建一个多层次、一体化的轨道交通网。

同时，推进南通铁路货运体系建设，打通公铁水联运“最后一公里”，提高大宗货物和长距离运输的铁路货运比例。实施普速铁路新建，通过扩能改造，提高新长、宁启等既有线路通行能力，释放货运潜力，实现铁路运输增长目标。

当前南通正处于“一带一路”、长江经济带、长三角区域一体化发展、江苏沿海开发等多重国家战略叠加的大好机遇期，铁路的发展关系到综合交通运输体系的构建。南通铁路已站在了时代风口之上，面对百年机遇，南通人已做好全面准备！

四、南通机场通天下

2019年，南通机场抢抓长三角一体化发展等战略机遇，全力以赴加快“长三角北翼重要航空港”建设。实现了新航站楼成功转场，新机场规划建设上升至国家层面。旅客吞吐量348.4万人次，增幅25.72%，全国排名跃升至第51位。

国际定期全货机实现“零的突破”，承载能力全面提升，安全保障各类飞机起降34580架次，安全通航26年。强劲的发展势头生动诠释了南通机场人的不懈奋进与美丽愿景。

“江苏最早通航的民用机场”“上海国际航空枢纽辅助机场”“长三角北翼重要航空港”……时间赋予了机场一张张新“名片”，也见证着机场的发展蜕变。

（一）与改革同频

1993年8月24日，南通机场正式通航。近20年间，由于航班航线资源匮乏，运力严重不足，机场发展一直处于低速徘徊状态。面对这一窘境，机场人凭着干事创业的满腔热血和卧薪尝胆的毅力精神，兴建设、拓航线、开口岸，在机场林立、激烈竞争的长三角地区闯出一条出路。

2010 年 5 月，南通机场飞行区改扩建工程开工建设。这时候，一个前所未有的新名词——“不停航施工”出现在机场人面前。“夜间停航后施工单位进场，凌晨退场后检查完毕开始新一天的保障，整个工程贯穿在昼夜 24 小时之中运作，难度之大可想而知。”场务管理部经理助理薛向东回忆道。500 多个日夜里，机场人或踩着 100 多度的沥青测量道面是否符合施工工艺，或在蚊虫叮咬的户外彻夜检查跑道是否安全，在艰苦磨炼中上下一心，砥砺前行。2012 年 4 月改扩建工程试飞成功，南通机场全面进入 3400 米跑道新时代，跑道条件丝毫不逊色于上海虹桥等枢纽机场。

一鼓作气打好发展这场硬仗。2012 年起，南通机场提出“强基础、拓航线、优服务、保安全”基本方针，补短板，促提升。针对航线少、客源稀的现状，机场精准分析市场需求，确定“加密航班，优化时刻，进一步提高通达性”的航线开发方向，持续深化与航空公司、机场合作，构建出更加合理的干支线机场航线网。

“南通是中国首批 14 个沿海开放城市之一，只有机场对外开放，南通才能获得更高的国际视野。”忆往昔，机场集团党委书记、董事长陈林深有感触。2012 年 10 月，南通机场成立开放申报工作小组，紧锣密鼓开展国际航班航线落实、联检设施建设等各项前期工作。2015 年 3 月 11 日，国务院正式下发《关于同意江苏南通兴东机场对外开放的批复》，当年 10 月 2 日开通南通—仁川首条国际航线；2016 年 7 月，“兴东机场”正式更名“南通兴东国际机场”，从此成为名副其实的国际机场。

截至 2019 年年底，机场开通客运航线 42 条，其中国际（地区）

南通兴东国际机场

通
NAN TONG

航线 8 条，通航城市 45 座，日均客货运航班起降超过 90 架次。除临近机场外，南通机场与国内 500 万级以上机场均已通航。2019 年，机场旅客吞吐量 348.4 万人次，同比增长 25.72%；货邮（含行李）吞吐量 5.9 万吨，同比增长 4.39%。

（二）找准发力点，实现质量与速度齐飞

随着“大桥大港时代”到来，南通与上海、苏南等地逐渐融入“1 小时生活圈”，上海国际航空枢纽的“虹吸效应”开始显现。如何在夹缝中求生存，这成为摆在南通机场面前的一道现实课题。

南通机场从旅客出行需求出发，提出“乘家乡航班、享家的温馨”的服务理念，着力改善旅客反映强烈的突出问题。民航局航空运输消费者投诉情况通报显示，旅客对安检环节的认可度普遍不高。怎样在确保空防安全的同时，让旅客理解和满意？南通机场提出“柔性安检”的概念，以“刚柔并济”的方式将安全与服务有机融合，尽可能让更多旅客满意和认可。

多年来，南通机场先后推出行李代寄、无陪儿童、军人优先、迟到旅客绿色通道等特色服务，成功设计“手机扫码过检登机”“进出境旅客通关自主申报”等服务流程，让旅客收获惊喜与感动。

（三）展望新未来，把国家战略转变为民航机遇

2019 年 8 月 18 日，南通机场 5.2 万平方米新候机楼建成启用，机场大道、空港酒店同步投入使用。新楼内的出境流程和通关模式也发生了改变，不仅机场面貌焕然一新，旅客出行也更加高效便捷。

兴东国际机场新航站楼

值得一提的是，新候机楼引入自助值机、自助托运、自助安检、自助登机等设备，实现旅客从值机至登机全流程的人脸一证通关自助体验。同时依据大数据技术，将同步建成具有无感支付、反向寻车等功能的智慧车场，旅客航空出行的体验将更加轻松愉悦。

南通机场在全国中型机场中率先实行“海关 + 安检，一次过检”的联合监管方式，并扩大自助查验通道覆盖率，旅客通关节点更少、速度更快，口岸整体通关效率大幅提高。

近年来，南通民航对于自身在长三角机场群中的思考从未停步。机场以“接轨上海”为总体思路，不断探索长三角区域民航协同发展先例。2017 年，市委市政府提出“建设长三角北翼重要航空港”目标要求，南通机场以客货运输为引领、枢纽建设为支撑、航空产业为动能，聚焦目标加快迈进。下一步，南通机场将深刻把握长三角一体化国家战略带来的发展红利，抢抓“高铁时代”机遇和挑战，以更加开放的眼光和更大决心，打通地面交通的瓶颈制约，加快推进机场中远期规划修编和综合交通体系规划，实现与长三角机场群的同频共振。在长三角一体化加速发展背景下，启动新机场规划建设，南通民航未来发展之路越走越明。

链接

媒体报道

2018 年 10 月 10 日，《新华日报》头版刊登题为《南通：创新战略路径，争当“一龙头三先锋”》的文章，首次提出，南通规划建设空铁枢纽，以“南通新机场 + 北沿江高铁”建设“轨道上的机场”，目标是建成长三角北翼重要航空港，成为上海国际航空枢纽的骨干机场。

2020 年 7 月 3 日，在中国南通江海国际博览会开幕式上，南通市委书记“官宣”：北沿江高铁年内全线开工，4000 万人次“轨道上的机场”将在“十四五”期间建成。

五、一流路网，脉动江海

“千古百业兴，先行在交通”。交通一直以来就是民生要义、经济命脉、社会基石，维系着人们的生产生活，承载着社会的发展进步。路网，则是交通强国之“基”。如今，在美丽的江海之畔，一辆辆汽车飞驰在高速公路上延伸向远方，天高云阔、绿野青葱，江海大地上，数不清的经济细胞正经由大交通的“血脉”奔腾雀跃，给经济高质量发展注入生生不息的动能。

（一）民欲兴其国，必先修其路

南通的交通发展迎来了四个“前所未有”：面临机遇前所未有、各级重视前所未有、任务繁重前所未有、期待前所未有。尤其是2020年，是南通交通重大项目攻坚年、交通综合改革推进年、交通一体化发展协同年、交通治理体系构建年。

南通市正全力以赴推动空铁枢纽、江海联运枢纽建设，系统谋划、优化布局过江通道、高速公路、干线公路等基础设施，全面构建具有竞争力、影响力的综合交通体系，勾画出建设上海国际航运中心北翼江海组合强港、长三角北翼重要航空港的宏伟蓝图。南通绕城高速、南通至通州湾高速、启崇高速、南通至常熟高速、如泰高速等 5 条高速公路，通州湾港区疏港航道、洋口港区疏港航道、东灶新河以及新江海河等 4 条三级航道列入省新一轮规划。

根据规划，到 2030 年，江苏将形成“七纵十横八联”的高速公路网，总里程约 6500 公里。事实上，南通“环线规划”早已提上日程。翻开南通地图，不难发现，一环：G40 沪陕高速接 G15 沈海高速；二环：S19 通锡高速，也就是现在大家口中的南通绕城高速，覆盖了通州和海门区域；三环：S28 启扬高速接 G40 沪陕高速，将海安、如东、如皋、启东串联起来；绕城高速建成后可与三环相连接，届时南通主城与各县市可实现无缝连接。

值得期待的是，南通绕城高速（通锡高速公路海门至通州段）已于 2020 年初开工，建设工期 3 年。也就是说，南通“三环”格局有望在 2023 年正式实现。

同时，通锡高速公路海门至通州段还是崇海过江通道、海太过江通道的连接道路，也是通州湾港区重要的集疏运道路，串联了南通新机场和北沿江高铁南通站，建成后可有效提升南通枢纽能级。

目前，海启高速、锡通高速北接线项目均已建成通车，总里程达到 488 公里，位居江苏省第三。南通正逐步形成“一环通苏南、二环接浦西、三环连浦东”的高速路网。

沈海高速

沪陕高速

（二）市区“一环一轴八射”

路网内外融合是交通强国之“魂”。一花独放不是春，百花齐放春满园。

外成环，内成网，南通正构建大交通格局，但想要规划环线、打通快速交通系统，完善的城市快速路网尤为重要，高架取代平交避免了红绿灯，为快速路甚至高速路提供更多可能。

道路交通拥堵是现代城市发展中的“城市病”。当前，南通已进入城市化和机动化的快速发展阶段，城区交通拥堵问题日益显现。曾几何时，百姓流传着这样一句顺口溜：“汽车跳南通到，屁股疼进了城”。此外，每到“饭点儿”、上下班等高峰期，车辆伴随着嘈杂的汽笛声“步履蹒跚”，拖住了城市迈向宜居的步伐。用立体交通的思路，构筑城市快速路网，破解城市内部交通堵点，已经成为南通城市建设的重中之重。

近年来，南通市委、市政府就如何改善南通的交通基础设施建设提出了很多建议和意见。如今，沪苏通长江公铁大桥、苏通大桥、崇启大桥、宁通高速、沿海高速等一条条高速通道让南通从交通末梢变为交通枢纽。与此同时，市区的交通也在发生着翻天覆地的变化。市区快速路网“一环一轴八射”格局已经奠定，实现了全部连通，主城区机动车辆 10 分钟上快速路、20 分钟上高速，主城区范围内实现 30 分钟通勤。快速路网的完成，意味着南通交通格局的再一次脱胎换骨。

回顾过往，南通的快速路系统规划始于 2002 年城市总体规划调整，2005 年市规划部门对快速路系统进行了梳理。2007 年在新一轮总体规划进行修编的同时启动城市综合交通规划，2008 年规划委员会审议通过了《南通市快速路布局规划》，最终确定了“一轴一环八射”方案。“一轴一环八射”，具体说来，“一轴”为外环东路—老通启公路—通富路；“一环”为外环北路—长江路—啬园路—通沪大道—东快速路；“八射”分别为：长江北路通往宁启高速平潮收费站、通宁大道通往宁启高速陈桥。目前南通的快速路总里程约为 87 公里，在省内次于苏锡宁三市，位列全省第四。

为了这一条条金色大道，多少交通人勇克艰险抛洒血汗，多少建设者长年累月只能与家人遥遥相望。一次次忘我的大奋战，托起了科学发展的新通道，搭成了南通高质量发展的大动脉。随着无尽的车流，当城市一处处壁垒被打通并连接在一起，交通人、城建人的奉献将南通交通的“痛点”远远地抛在身后。一个更快、更美、更爽的交通平台，从这里被轻轻托起。

而此时，南通正在规划着一幅更加诱人的美景：接下来，还有江海大道东延二期、南部快速路、江海路、西站大道一期、江海中路、长江路高架西延等多个道路建设工程等待开工。未来去南通任意一个地方，几乎可实现全程无红绿灯，速度比一般主干道快，通行效率将会比现在高不少。

（三）农村公路建设提速

“江南可采莲，莲叶何田田？”盛夏时节，如皋城北街道平园池村的藕香荷韵，让人流连忘返。“藕香荷韵”引来四面八方观光客，即使不是假日，这里依旧人气满满，前来游玩赏景的游客络绎不绝，是长三角一带名副其实的“网红村”。而这一切，也正得益于当地高标准、高水平建设的“四好农村公路”，当地正是借助这四通八达的农村公路，探索出了一条“公路 + 乡村旅游”发展新路径，极大地促进了乡村振兴，提高了人民群众的幸福感和获得感。

不仅如此，农村公路的建设正不断加快“路产融合”的进程。南通市如东县掘港街道虹桥村一直以来都以传统农业为主，局限传统式零散经营，传统作物的经济效益低，农民增收缓慢。2017 年，菜丰堂智能水培蔬菜园、虹桥百亩智能温室四季采摘园和又一村鲜桃采摘园等现代农业项目相继建成。9.33 万平方米的若园玫瑰景观园、8.67 万平方米金蕊食用花卉种采园建设不断提速，现代农业项目新装备、新技术、新模式的集聚，为虹桥村新的发展增添了后劲。“我们之所以选择在这边，就是因为村里交通路网发达，农产品流通非常便利。”四季采摘园园主杜长泉说。

目前，江苏省南通市农村公路总里程 1.7 万公里，全省第二，农村公路面积密度为 2 公里 / 平方公里，全省第一；南通市荣获省级“四好农村路”示范市，下辖六县（市区）被省政府授予省级“四好农村路”示范县，海门市被授予全国首批“四好农村路”示范县。飞驰在“四好农村路”全国示范市创建的快车道上，“脉动江海”农路品牌正成为江海大地上助力乡村振兴的一股澎湃活力。

“脉动江海”品牌内涵源自“夫脉者，血之府也。”“脉”，本义为血管，也指事物如血管连通般有条理。“脉动江海”以“赋能转型升级，致力乡村振兴”为主旨，通过“四好农村路”的示范建设，深入推进“1+6”品牌体系建设，为南通实施乡村振兴战略、推动经济社会发展转型升级，提升城乡居民的幸福感和获得感提供原动力。

“1”就是脉动江海总纲目总品牌，“6”就是6个县市因地制宜、突出特色，打造6条最具有代表性的环线路，凸显地域特色。

如今，“脉动江海”品牌正赋能农村产业转型和南通产业高地建设。随着农村公路的延展，那些曾经闲置的乡村资源逐渐苏醒，与市场经济、城市经济奏出了曼妙的致富乐曲，催生了乡村发展的新业态。四通八达的“四好农村路”路网，犹如一条条纽带，赋予“农路+”更强劲动力、更大亮点、更美神韵，为乡村振兴战略画下一个个点睛之笔。

（四）打通“南不通”，迈向全国性综合交通枢纽

全方位融入苏南，全方位对接上海，全方位推进高质量发展，是南通实现追赶超越的重要战略路径。但无论是融入苏南还是对接上海，都迫切要求打通“南不通”堵点。

2019年发布的长三角一体化发展规划纲要，将苏通二通道、崇海通道等涉及南通未来发展的重大交通设施列入，南通成为获得规划红利最大的城市之一。随后发布的《长江干线过江通道布局规划（2019—2035）》，涉及南通的八个过江通道全部写入，南通正在加速形成“八龙过江”格局。

据南通市交通局介绍，南通正重塑交通格局，在大力推进过江通道规划建设的同时，以江海联运枢纽、空铁枢纽为核心，全力推动通州湾新出海口迅速起步，全力推动盐通高铁、通苏嘉铁路、如通苏湖城际、宁通高速扩建、绕城高速、通州湾高速、通扬线航道整治工程等一批重大交通基础设施项目的建设和前期工作。2020年南通大交通计划完成投资150亿元。通过几年的努力，南通将建立起完备的铁

路网、公路网，形成“公铁水空”各种运输方式协调发展的现代综合交通运输体系，全面融入上海一小时都市圈和长三角城市群，建成通江达海、承南启北、连通东西的全国性综合交通枢纽。

（五）跨江一体化，重塑区域经济地理

交通是一个城市的灵魂。对过江通道的关注与期盼，缘于南通人对跨越长江的孜孜以求、始终不渝。借助这一系列过江通道，南北畅通，南通因之更加“血脉通畅”，城市地位大幅提升，并带动产业、创新、人才等领域全方位跨江联动、深度融合，在区域发展中抢得先机。

2020年5月23日，是南通企业家日。苏锡常通（苏州、无锡、常州、南通）四地行业标杆企业、领军企业的200多位企业家聚首南通，共同发起成立苏锡常通跨江融合产业协作联盟，并发布《南通宣言》。

这一“百企结对、携手并进”跨江融合发展大会，是南通全方位融入苏南的又一实际动作。与此前南通党政代表团苏南三市考察、赴苏州举办通州湾跨江融合发展恳谈会等活动一样，再次引起各媒体的广泛关注。

从学习考察、战略合作，到板块对标、园区共建，再到企业结对、携手并进，有形的跨江通道加快建设的同时，南通全方位融入苏南动作频频、脚步铿锵。

以苏州为龙头的苏南板块，一直是南通学习和追赶的榜样。2020年伊始，矗立长三角一体化发展风口、站上经济总量过万亿元门槛的南通，用“全方位融入苏南，全方位对接上海，全方位推进高质量发展”锚定在长三角一体化发展中的新“坐标”，并响亮提出：跨过长江去、

融入苏锡常，推动更高质量一体化发展，努力在新一轮经济地理重塑中抢占先机。

南通的这一追求，高度契合国家战略、江苏期待。2019 年召开的江苏省委十三届六次全会就明确要求，就江苏而言，长三角区域一体化重点在跨江，要从体制机制入手，实质性推动苏通跨江融合。而在区域经济学家眼中，沪苏通三地率先发展成为高度一体化、同城化的“金三角”，既是落实一系列国家战略放大区域叠加效应的要求，也是沪苏通本身发展的现实需要。

不仅坐而言，更要起而行。2020 年初，以一场“学习苏州三宝、答好南通四问”专题学习研讨为开端，南通全力推动发展理念接轨苏南，在开放定力、创新精神、担当作为等方面全面看齐苏南，构建同质化发展生态。在随后的党政代表团考察苏锡常期间，又与三地签下干货满满的多份合作协议。其中，苏通两地除加强产业协同发展、深化板块交流等外，还将共同推进通州湾长江集装箱运输新出海口建设；无锡与南通达成共识，在产业协同、板块交流、园区共建、文旅合作、港口联动 5 个方面展开合作；在常州，双方商量一致，将以已落户通州湾的中天精品钢项目为纽带，深化产业合作……

合作协议的落地、重大项目的推进，万里长江最宽阔的江面，正演变为南通与苏南深度融合的内河，南通正加快挺进苏南第一方阵。

江风起时千帆竞发，海潮涌处奋楫争先。2020 年 4 月 27 日，南通再度获得江苏省高质量发展年度综合考核设区市第一等次。南通市委提出，将继续以全省高质量发展综合考核为抓手，成绩归零再出发，苦干实干，比学赶超，在高质量发展征程中奏响澎湃激昂的时代乐章。

第三章

拥抱世界的热土

一、风雨兼程扬帆起，敞开胸怀拥世界

中华人民共和国成立的 70 年，是中国日益壮大的 70 年，也是南通敞开胸怀拥抱世界、丰满羽翼的 70 年。

改革开放 40 年，特别是近年来，南通积极实施对外开放战略，抢抓长三角一体化、“一带一路”、长江经济带、沿海大开发等国家战略机遇，争先创优，奋力进取，南通市开放型经济取得了引人瞩目的巨大成绩。

1981 年 11 月，南通力王有限公司成立，成为南通市乃至江苏省首家建成投产的中外合资企业，打响南通利用外资发展第一炮。随后，南纤、中集顺达、中远船务、中远川崎、先正达等一大批重点外资企业相继落户，南通利用外资促进外向型经济发展的空间扩大，步伐加快。

党的十八大以来，南通利用外资进入转型发展的新时期：总量规模稳定发展，产业升级成效明显，重大项目有力支撑，溢出效应显著增强。南通利用外资的总量规模由 2013 年的 22.05 亿美元逐步增长至 2019 年的 26.65 亿美元，目前总量稳居江苏省第四。

2018 年 11 月 5 日，中国首届进口博览会在上海开幕，前来参展的德国默克制药向海内外展示了在南通的投资足迹。近年来，越来越多像德国默克这样的高端企业将开拓中国市场的关键布局落子南通。威蒙电动汽车、宜家环保木业、联钢精密紧固件、日立三环磁材、莫塔超硬材料、威格电气设备、恒大温泉城、永旺梦乐城……2013年以来，一批投资总额超1亿美元的高端制造业和现代服务业重特大产业项目纷纷落户，南通市总投资及净增资超亿美元项目87个，投资总额合计154.8亿美元；韩国SK、日本本田（武藏）、美国邦吉、法国苏伊士、荷兰恩智浦……66家世界500强跨国公司在通投资104个项目，不仅促进内外资企业在技术、资金、生产、销售等环节的全方位合作，更是引领了本地产业的高端化，为推动产业转型升级，构建现代产业体系提供了有力支撑。目前，南通已吸引了来自超过120个国家和地区的外国投资者，总投资超3000万美元的企业超过500家。

在中国国际进口博览会上，德国产商在南通投资企业展厅展示产品

随着制造业与现代服务业利用外资层级提升、协同发展，南通利用外资结构不断优化，战略性新兴产业成为主要来源，制造业占比稳步提升。2019 年，战略性新兴产业实际使用外资 16.46 亿美元，占全市总量的 61.77%；制造业实际使用外资 10.74 亿美元，占比 40.3%，其中新一代信息技术、节能环保、生物技术和新医药、高端装备制造等高技术产业领域占制造业比重超 10%。

“一路高歌”的南通外贸，交出的 40 年成绩单同样令人瞩目。从 1988 年进出口额首超 1 亿美元，到 2006 年首超 100 亿美元，再到 2014 年首超 300 亿美元，质态提升显而易见。2019 年，全市进出口总值 2519.9 亿元，其中出口 1715.1 亿元，进口 804.8 亿元，进出口总量连续 7 年全省第 4，占全省份额达 5.8%，增幅持续好于全省，处于苏中苏北“领头雁”位置。

位于海门的中国叠石桥国际家纺城，一年四季都热闹非凡。满载货物、挂着各地牌照的车辆川流不息，不同肤色、操着各种口音的客商接踵而至。这里，早已成为世界级家纺中心，产品远销世界 130 多个国家和地区。叠石桥家纺城的发展，折射出南通外贸效益的持续优化，得益于不断加快的载体建设、升级优化的外贸结构。

2011 年以来，南通被认定为首批国家船舶出口基地，海门叠石桥家纺城被认定为首批国家重点培育的内外贸结合商品市场，通州区床上用品基地、海门家用纺织品基地被认定为国家级外贸转型升级示范基地。以 4 家国家级出口基地为带动，全市还建有 5 家省级出口基地和 4 家市级特色产业出口基地，这些基地的出口额已占全市出口六成以上，基地内的 8 家外贸公共服务平台和 40 个省级出口品牌，有

南通船舶出口基地

力推动了全市外贸的转型升级。

主导产业均衡、企业主体众多、民营外贸和一般贸易占比大，这些结构特点，促使南通外贸的抗风险能力较强，运行相对较为平稳。据统计，服装、电子电器、化工、船舶及海工、家纺和机械设备六大出口主导产品，占全市出口总额 62.9%，家纺产业自营出口约占全国家纺出口的 1/9，船舶海工出口近全国的 1/10。当前，南通贸易伙伴达 200 多个国家和地区，对欧盟、日本、美国三大主体市场出口额保持稳定，各占全市出口的 15% 左右；中小外贸企业特别是民营企业成为主体，进出口实绩企业数 4600 多家，约占江苏的 1/10。

随着叠石桥市场采购贸易方式、华夏航空“飞机部件航空维修再制造加工贸易”两项国家级试点和跨境电商、外贸综合服务企业两个省级试点的展开，外贸新业态成为全市外贸发展新的增长点，处于江苏省领先水平。2019 年南通市国家、省级外贸新业态试点数量和质态全省第一。国家级跨境电商综试区成功获批，跨境电商“9610 ”出口增长强劲，南通空港产业园跨境电商累计出口 1.6 亿元，同比增长 45.6%，报关单数和出口金额均居全省前列。市场采购贸易方式试点出口 42.3 亿元，同比增长 15%，圆满完成部省目标。南通外贸中心贡献出口增量 2.3 亿元。

（一）“海外兵团”驰骋国际舞台，服务外包稳步腾飞

南通“走出去”从劳务输出悄然起步，到 20 世纪 90 年代挺进国际工程承包领域，再至 21 世纪以来，以资本输出为主的境外投资如火如荼。

近年来，围绕走出去转型升级发展目标，积极参与“一带一路”倡议，加快推进国际产能合作，推动规模总量持续多年保持省内领先，成为诠释南通加快国际化进程的有力注脚。从“星星之火”发展成“燎原之势”，南通境外投资不仅总量和体量连年大幅攀升，投资领域、国别市场和投资方式也在不断拓展，从以往纺织、服装、轻工等传统

行业为主，向新能源、船舶装备等新兴行业领域拓展，并开始涉足境外资源和房地产开发等领域；投资目的地分布66个国家和地区，从亚非发展中国家为主正在向欧美发达国家延伸；对外投资从建立境外贸易窗口、加工基地为主，向利用境外人才、技术、品牌转变，企业跨国经营能力显著提升。

江苏中天科技股份有限公司（以下简称“中天科技”）承揽电网、通信工程，带动产品、技术、标准和服务走出去，海外销售已覆盖160个国家和地区，境外销售额超18.5亿美元；南通富士通微电子股份有限公司（以下简称“通富微电”）投资2.28亿美元并购美国AMD马来西亚超威半导体工厂85%的股权，获取世界先进封装技术；如皋市双马化工有限公司在印尼雅加达投资兴建50万吨油脂加工生产基地，并在东加里曼丹岛投资建设1000平方公里农工贸合作区，获批江苏首家省级境外产业集聚区……越来越多企业积极布局全球业务网络，加快迈开“走出去”步伐。南通二建、龙信建设、南通顺通3家企业获以色列住房建设资格，占全球6家中标企业的一半，首次进入高端市场；南通三建承接马尔代夫住房项目，成为南通“投融建”海外工程首例。

2019年，南通新增境外投资项目58个，中方协议投资额9.43亿美元，居全省第4位，主要流向以产能合作的制造业、建筑业和第三产业中的商务服务业；新签对外承包工程合同额151,367万美元，完成营业额147,767万美元，同比增长0.94%；对“一带一路”沿线13个国家新增项目27个，中方协议投资额70,973万美元，同比增长431.48%，占全市投资总额的75.27%。

通富微电厂内实景

2018 年 12 月 14 日，省商务厅发文，南通高新技术产业开发区科技新城以新申请单位的最高分入围江苏省服务外包示范区行列。至此，南通已有 7 家省级服务外包示范区，示范区数量位列全省第 3 位。专业载体的持续打造与升级，见证了南通服务外包从蹒跚起步一路茁壮成长的历程。从 2008 年到 2019 年，服务外包企业平均每年新增超过 120 家，从业人员人数增长约 20 倍，服务外包执行金额增长超过 70 倍。2016 年，经国务院批准，商务部、发改委等九部委联合发文，新增南通等 10 个城市为“中国服务外包示范城市”。由此，南通市服务外包产业迈上了提档升级的新阶段。

培育产业特色，招引龙头项目，服务外包产业竞争力大幅提升，产业集聚效应显现。目前，全市形成了以 ITO 为主导，BPO、KPO

稳定提升的发展态势，初步培育了以软通动力、凌志软件为代表的软件研发外包，以中兴通讯、安客诚为代表的数据存储和分析外包，以携程旅行网、顺丰速运为代表的呼叫服务外包，以联亚药业、巴塞利亚药业为代表的生物医药研发外包四类特色产业集群。

2010 年开始，几乎每年都有大咖企业将目光锁定南通：全球知名数据营销公司安客诚设立全球数据运营中心，年销售收入超过 5000 万元；南通携程信息技术大楼成为亚太地区最大的呼叫中心；博镣信息设立集软件开发、客户服务、人员培训、数据中心于一体的区域基地；凌志软件建立 600 余人的开发团队；占地 300 亩、运行机柜 1.5 万台的中兴网信云计算中心投入运营；华为云计算大数据中心落户，围绕南通支柱产业与战略新兴产业积极整合云计算和物联网产业上下游合作伙伴。2021 年，阿里巴巴集团投资 180 亿元的江苏云计算数据中心项目在南通奠基，将成为阿里巴巴在华东地区最大的云计算中心基地，带动南通千亿级大数据产业快速崛起。

目前，南通拥有 20 个服务外包专业园区，已建及在建载体建筑面积 570 万平方米；3 家省级和 6 家市级服务外包人才培训基地，形成由本地高校、职业学校、社会培训机构和服务外包企业共同组成的“南通市服务外包人才培训联盟”。南通国际数据中心产业园、海门临江生物医药科创园、如皋软件园、南通高新区科技新城等各类外包专业园区集聚产业优势，有力助推服务外包产业实现新的腾飞。

（二）特色载体平台提档升级，口岸开放书写浓墨重彩

改革开放以来，南通逐步形成由经济技术开发区、高新技术开发区、

特殊功能园区、跨国跨江合作园区、沿江沿海特色园区组成的多层次开发区布局，各类园区呈现创新转型、功能提升、互动融合的良好态势。

争先进位成效凸显。南通市政府研究出台《南通市开发园区转型升级创新发展三年行动计划（2017—2019）》等，提出实施规模培育、创新驱动等六大工程，明确了建设核心区、聚焦特色产业、创新体制机制等 10 条举措，按下开发园区创新转型“快进键”。近年来，南通市有 3 个开发区和 1 个高新区晋升国家级，2 个园区升格为省级，5 个园区获准筹建省级开发区、高新区，园区数量上居全省前列。在 2016 年国家级经济技术开发区综合发展水平考核评价中，南通经济技术开发区、如皋经济技术开发区、海安经济技术开发区、海门经济技术开发区综合排名均位列前 70 位；在 2016 年全省开发区科学发展综合考评中，南通经济技术开发区继续保持全省国家级经济技术开发区第 8 名，启东经济开发区问鼎省级经济开发区第 1 名。

重大项目支撑有力。南通经济技术开发区的精密机械、新材料产业，如皋经济技术开发区新能源及新能源汽车产业，海安经济技术开发区的机器人产业……园区特色产业的集聚度和竞争力持续提升，省级以上开发园区明确了“1+1”即“主攻一个主导产业、培育一个新兴产业”的产业定位，装备制造、化工医药、服装家纺增加值合计占园区主导产业增加值的 85%，省级以上开发区“一主一新”特色产业应税销售额占规模以上工业应税销售额的 35.5%。总投资 180 亿元的阿里巴巴江苏云计算中心项目落户南通经济技术开发区，总投资 65 亿美元的金光集团项目落户洋口港经济开发区……2019 年，全市省级以上开发区全年新开工亿元以上产业项目、10 亿元以上重特大工业项目分别占全市的51.75%、65.47%。

平台功能显著增强。2019年，全市省级以上开发区高新技术企业达1412家，高新技术产业产值占规模工业产值的40.03%，较上年下降6.17个百分点。创新驱动引领下，各平台在功能提升上交出满意答卷：南通经济技术开发区全年获批国家高新技术企业51家，高企立项率全市第1；南通高新区实施"百企创新发展计划、平台建设推进计划、产业人才引育计划"等三大行动计划，获批国家科技服务创新发展试点园区；如皋经济技术开发区新获批"国家火炬如皋新能源汽车特色产业基地""科技部/GEF/UNDP促进中国燃料电池汽车商业化发展项目"；海安经济技术开发区以4家产业研究院和国家级机器人应用检测中心为龙头，打造机器人产业基地；苏通科技产业园以中科院光电工程中心为依托，大力发展光电产业；南京邮电大学南通研究院、南通大学通科微电子学院在市北高新区挂牌设立。

坐拥得天独厚的江海资源、通江达海的交通优势、实力雄厚的产业基础，南通的口岸建设和发展在对外开放历程中写下浓墨重彩的一笔，全方位开放格局形成。

1982年11月，南通港水运口岸经国务院、中央军委批准对外开放；2009年2月，如皋港实现一类口岸开放；2014年8月，如东洋口港、启东港口岸经国务院批复正式对外开放。2015年8月，兴东机场航空口岸对外开放通过国家验收，标志着南通全方位、立体式的口岸开放格局基本形成，为提升南通对外开放度，加快经济国际化进程提供了有力支撑。南通机场口岸开放以来，首条国际全货机航线正式开通，并开通越南芽庄、印尼巴厘岛、柬埔寨暹粒旅游包机和泰国曼谷定点客运航班等国际（地区）航线达 10 条。

通关载体功能日臻完善。2002 年，南通获国务院批准规划建设出口加工区，2009 年叠加保税物流功能，实现加工贸易区转型升级。2013 年 12 月，南通综合保税区（一期）正式封关运作，高端产业、高端要素在此不断集聚，全国首家纺织原料现货交易平台——南通综保区纺织原料中心等 40 多家企业和项目先后进驻投产运营。同时，如皋港保税物流中心（B 型）、海安保税物流中心（B 型）封关运作。

口岸通关效率提速增效。2004 年，南通口岸联合办公中心建成使用。2013 年，南通正式启动电子口岸建设。目前，南通电子口岸功能走在江苏省前列，口岸“三互”平台上线运行，国际贸易“单一窗口”功能进一步拓展，口岸通关、查验、物流等多领域 273 项业务实现在线办理。平台现有注册企业 2422 家，用户 4240 家，2019 年新增 1260 家，全年共办理各类业务 14.385 万票，货值 129.545 亿美元，系统获得 6 项国家专利。依托电子口岸，南通建成了市场采购贸易方式试点、跨境电商公共服务平台，开发了南通综保区分类仓储管理系统，在全省 11 个综保区内推广应用。

开放的南通，繁荣的南通，将共同见证开放型经济高质量发展的新征程。

二、在温暖营商环境中，扎根南通谋发展

走进南通中远海运川崎船舶工程有限公司，眼前，塔吊林立，繁忙有序。那一年，原中远集团与川崎重工打算合资在中国建立船厂，在沿海地区选择了4个备选城市。优越的地理位置、良好的营商环境，让中远海运川崎最终选择南通，并在这里扎根整整20年。

把实现宏伟发展的任务交给南通的合资企业，远不止中远川崎一家。近年来，随着南通苏通大桥、崇启大桥、沪苏通公铁长江大桥及南通兴东机场等一系列交通枢纽的构建，南通靠江靠海靠上海的区位优势越发明显，人才资源集聚，利好政策不断，成为吸引众多合资企业前来筑巢的重要因素。“交通便利，投资环境好”“城市发展不错，适宜居住”“政府热情，优惠政策多”……不少合资企业负责人说起选择落户南通的理由，都感慨万千。

（一）“区位优势明显，宜工宜居”

国产首制5400TEU集装箱船、“国轮国造”首制30万吨VLCC大型油轮等先进船舶、中国首制20000TEU集装箱船……深

耕南通20年间，中远海运川崎一次又一次交出了令人骄傲的成绩单，不少“大国重器”从这里出发，走向全国、走向全球。

内业车间里，20多个工业机器人正有条不紊地划线、印字、切割、焊接钢板。过去仅型钢线就需要近30名工人两班倒，如今只需要4个人。车间外的6个大屏上，显示着机器人当前的工作状态、配备的人员、生产进度等情况。

2012年开始，中远海运川崎先后投产条材机器人加工线、大舱肋骨生产线、小组立机器人焊接线等自动化、智能化生产线，建成了船体智能制造车间；2016年起开始建设船舶管加工智能车间，相继投产中一径、中二径管加工机器人生产线、马鞍形相贯线自动化设备等一系列设施设备。智能化投入将产品建造周期缩短10%-15%，生产效率提高15%以上，产品质量和建造效率达到世界先进水平，这也是1995年落户南通时，中远海运川崎的目标。

中远海运川崎日方总经理滨西英司感言，南通气候宜人，区位优势突出，政府提供的配套政策措施到位。1995年12月19日，原中远集团与川崎重工签订合资合营合同，并迅速动工兴建，在此过程中，南通市政府积极推进征地、拆迁等工作，甚至专门成立了中远项目推进办公室，保障企业按进度推进项目建设，并积极帮助企业完善各项政府审批手续。

不到3年时间，中远海运川崎就基本完成主体工程的建设，并于1998年3月投入造船生产，开工建造南通历史上第一条万吨级散货船。次年5月，首制船“枫海轮”下水，创造了一个现代化的新造船项目在较短时间内、优质高效建成并投产的纪录，成为中国首家按照现代

中远海运川崎货船

造船理念建成的船企，为中国造船业走进全球第一方阵提供了样本。

日立金属三环磁材（南通）有限公司位于启东高新区中泰路，由日立金属株式会社和北京中科三环高技术股份有限公司共同发起成立，2016 年 9 月落户。

这家合资项目，可谓中日两国企业“强强联合”的产物。成立于 1956 年的日立金属，是世界最大的钕铁硼磁体制造商，掌握多项全球最先进的钕铁硼制造技术；中科三环，是中国钕铁硼磁体产业的龙头企业，在稀土永磁材料方面有雄厚的研发实力和坚实的产业基础。

总经理小林弘之介绍，企业生产的这些磁石，目前全部为在华的日系企业配套使用，比如大金空调的电机等。2019 年，企业产量达 150 吨，销售额约 7400 万元。今年，企业计划生产量 450 吨，销售额有望达 2 亿元。

业余时间，小林弘之爱到菜场买菜做饭，节假日还跟启东市民学习太极拳，已经融入了当地社会。他说，当初选择在哪里设立生产基地时，公司内部曾有过激烈的讨论。“最终选择启东，是因为这里靠近上海，从上海浦东国际机场上高速，1 小时 15 分钟左右就可以到达。这里滨江临海，海上运输也非常方便。另外，这里的基础教育水平高，能够吸引到很多优秀的人才，是个宜工宜居的好地方。”

（二）“营商环境温暖，服务贴心”

为更好营造“重实业、重企业、重创新”的良好发展环境，2016 年 5 月 23 日，南通市十四届人大常委会第 33 次会议决定，将每年 5 月 23 日确定为“南通企业家日”。南通在全国率先形成尊重、理解、支持企业家发展成长的制度性安排，促进了全社会崇尚创业、鼓励创造、尊重创新氛围持续升温。

位于南通海门临江新区的爱思开百朗德生物科技（海门）有限公司生物纤维面膜工厂内，生产线正开足马力。

公司成立于 2013 年，是韩国 SK-Bioland 在华子公司，隶属于韩国三大集团之一的 SK 集团，项目一期占地 1.17 万平方米，主要生产透明质酸、植物提取物等天然化妆品原料；二期生物纤维面膜工厂占地 2 万平方米，目前在试生产阶段；三期为发酵制品项目，目前已完工，2020 年投产。

公司总经理曹铉介绍，落户海门，一来是看中了这里“靠江、靠海、靠上海”的地理优势以及便捷的交通环境，二来就是被这里对外资企业的贴心服务所吸引。

建设初期，海门和临江新区政府，都对这个来自韩国的“新家人”倍加关爱。“前期的行政审批手续都是临江新区政府的工作人员帮着代办的，一期项目工厂建成后，需要实验室做实验，但我们的实验室在上海，还没搬过来。临江新区政府知道后，主动联系了生物医药科创园，提供实验平台，实现技术、信息共享。”对于海门给予的支持，曹铉印象深刻。

优惠政策、暖心举措一路护航，爱思开百朗德茁壮成长。从刚开始的年产值 700 多万元，到 2019 年的 4500 万元，公司产值每年都在递增。2020 年，加上面膜工厂试运行，公司目标是实现产值翻一番，力争产值达 8000 万—9000 万元，到 2022 年实现 1 亿张面膜和 6000 吨天然化妆品原料的满负荷生产，产值冲刺 2 亿元。

“这里的营商环境很温暖。”曹铉说，当前，“一带一路”、长江经济带发展、长三角一体化发展等多重国家战略交汇叠加，南通正迎来发展的高光时刻。作为外资企业，借着这股“东风”，也将迎来更好的发展机遇。

活氧消毒箱、轮椅车轮清洗机、臭氧超小型高压高温水清洗机、小型综合性清洗烘干机……位于通京大道 89 号的江苏芙兰舒床有限公司，自 2012 年成立以来，落户南通崇川区已有 9 年，致力于福祉用具租赁服务和适老化改造。南通首家消毒周转中心便坐落于此，中心内清洗消毒设备丰富齐全，消毒人员专业有序，帮助通城老人安享尊严人生，减轻照护负担。

江苏芙兰舒床有限公司隶属于日本法兰西床集团，该集团成立于1949年，以制造销售高级家居床为主营业务，发展成为同行中的龙头企业。随之，进军居家介护、福祉用具领域，目前在日本介护保险制度体系下，福祉用具租赁服务领域，市场占有率稳居第一。日本法兰西床集团率先在1983年面向居家，提出了护理床租赁业务，目前已经成为日本不可或缺的服务。2012年，日本法兰西床集团在南通成立了江苏芙兰舒床有限公司。为了普及高品质福祉用具，分享30年的福祉用具租赁相关消毒维护的丰富经验，江苏芙兰舒床有限公司于2018年成立了江苏英瑞芙兰舒养老服务有限公司，持续推进和引进高品质租赁服务。

谈及在南通发展的9年，公司总经理太田茂夫感慨颇丰。2004年，他来到上海，由于工作关系经常在上海与南通两地奔波，2012年正式居住南通。9年间，他见证了南通的飞速发展，跨江大桥、高架、港口等硬件日渐成熟之外，政府各个部门到社区窗口的配套服务也日渐便捷贴心。

“作为一家外资企业，落户南通时获得了政府的大力支持和贴心服务。公司资质、用工招人、税务等方面的疑虑，都能在商务局的相关部门帮助下，及时解决。”他说，“尤其是企业群里的消息互通，让我倍感亲切，政府就是娘家人！”太田茂夫表示，新冠肺炎期间，南通各社区严格管理，让企业的外籍员工也能安全、安心居住在家。

（三）亲商范围浓郁，政策到位

2017 年 9 月 26 日，中共中央、国务院发布相关意见，要求营造企业家健康成长环境，弘扬优秀企业家精神，更好发挥企业家作用。南通市委、市政府将服务企业作为经济发展的“长线”，开展“企业服务周”“企业家面对面”等系列活动，出台促进经济发展提质增效升级若干政策措施等，从降低融资成本、人力成本、制度成本等 7 个方面降低企业成本负担，努力在全社会形成重实业、促发展，尊重、爱护、支持企业家的浓厚氛围，让企业家有作为、有地位、有尊严。

“我在启东工厂工作已经快 10 年了，我和韩国同事都很喜欢启东。”韩华新能源（启东）有限公司董事长金恩植说。韩华新能源所在的启东经济开发区，园区规划科学、配套设施完善，很适合投资兴业。10 年来，公司上下都真真切切感受了南通政府部门对外资企业所给予的热情、高效、诚信的服务，实实在在体会到了政府亲商、安商、富商的发展氛围。

2010年，世界500强企业韩华集团收购林洋新能源进入光伏产业。2015 年，韩华新能源投入 1 亿美元对 7 号车间进行技术改造，引进全自动太阳能电池组件生产线，通过机器换人，公司员工从 12000 人减至 5000 人，生产成本从 49 美分 / 瓦降至 39 美分 / 瓦。

2019 年，韩华新能源投资 1.3 亿美元，对电池和组件车间进行技术改造和工艺更新，实现产品升级换代，同时提升产能，全年公司实现应税销售 38.3 亿元。以前人工焊接劳动强度大、耗时长，焊得不均匀还得补焊。仅这一道工序，就需要 70 多人，一天最多也就焊 2000

韩华新能源车间

个组件。机器人操作，一天可焊接2500个组件，不仅焊得均匀，而且只需要5个人进行换焊带、加电池片等简单操作，既保证了质量，减轻了劳动强度，又提高了产能。尽管遭遇新冠肺炎疫情，但韩华新能源一直保持满负荷生产。

10年来，韩华集团前后增资扩股10次，总投资增加到13.525亿美元，注册资本高达64625万美元。目前，公司总资产100亿元，员工3200人，拥有领先的光伏制造和研发技术，已经形成从电池片、组件到光伏发电系统集成的完整产业链，是世界十大光伏组件制造商之一。

近年来，南通各地、各部门竭尽全力提升企业发展环境：南通市人大通过视察、调研、走访、座谈等活动，推动细化实化扶持实体经济和中小企业发展的激励政策；市经信委、民发办举办青年民营企业家培训等，深入开展政策宣讲和跟踪落实，短短一年为实体经济企业降低成本超 110 亿元；市金融办畅通银企对接渠道，促成各类企业实现直接融资超 1500 亿元；南通市商务局在全国率先设立“引航灯”涉外法律扶助基金，帮助受理企业涉外法律咨询，调解各类纠纷……

位于南通高新区的上海展华电子（南通）有限公司，印刷电路板生产车间机器轰鸣，生产线上一片忙碌景象。这里每月能生产 2.32 万平方米电路板，订单源源不断接收中。

上海展华电子（南通）有限公司由台湾耀华集团和上海展华电子于 2018 年投资建立，主要从事印刷电路板和软硬结合板的生产。拥有 20 余年历史的台资企业上海展华电子，最初地址在上海青浦区。2018 年，公司所在地块面临拆迁，公司领导层考虑将公司整体搬迁。

“南通区位优势明显，交通便利，政务环境一流，人才也充足。尤其是南通高新区，电子产业集聚，产业配套完备，发展优势很好，经过实地考察，大家一致决定，就是这里了！”公司总经理郑震山说，“对于南通一直深有好感，来了之后这种感受尤为深刻。”他说，公司部分管理与研发人才是从上海过来的，当地政府部门给出了系列优惠政策，如税金给予一定的优惠、帮助解决子女教育问题等，种种举措让人感到温暖。

“通州区政府和南通高新区的工作人员，对电子产业发展非常了解，更关键的是，他们能想企业所想，及时为企业发展纾困，这种服务精神令人感动，也打消了公司所有的投资顾虑。” 郑震山说，“电子产业公司对工人的需求尤其明显。在通州区政府部门的牵线搭桥下，公司顺利招录了近800名员工。人招过来了，住宿怎么办？政府想在了前面，不仅帮助解决了员工宿舍问题，而且提供了70套人才公寓，这对公司稳定人心、长远发展发挥了重要作用。”

据悉，公司计划将优秀的研发人才、高科技专利包括客户群，全部延续到南通公司，3年内建好二期厂房，招录员工2100人，年产值争取突破15亿元。郑震山说：“我们非常有信心在未来的日子里把高新区作为重要的生产基地，这里必将成为公司发展史上的重要节点。”

三、以南通为支点，撬起全球市场

南通是中国首批 14 个沿海开放城市之一，市委、市政府历届班子接续奋斗，带领全市人民充分发挥滨江临海、紧邻上海的独特优势，走出了一条江海联动开发、内外开放并举的发展道路。十八大以来，南通利用外资进入转型发展的新时期：总量规模稳定发展，产业升级成效明显，重大项目有力支撑，溢出效应显著增强，越来越多外资高端企业将开拓中国市场的关键布局落子南通。

40 余载开放波澜壮阔，一大批外资企业在江海大地落地生根、枝繁叶茂，成为推动南通高质量发展的重要力量。韩国 SK、日本本田（武藏）、美国邦吉等 66 家世界 500 强跨国公司在通投资 100 余个项目，推动内外资企业在技术、资金、生产、销售等环节合作的同时，更引领了南通产业高端化，为推动产业转型升级，构建现代产业体系提供了有力支撑。截至目前，南通已吸引了来自超过 120 个国家和地区的外国投资者，累计批准设立外商投资企业 1 万多家。

（一）科技创新，行业领军在这里起步飞翔

2019 年开始，一直高速增长的汽车行业进入滞胀期，在行业低迷的大环境下，赫尔思曼汽车技术（南通）有限公司却依旧保持了相对健康的企业发展增速。“这一切主要依托于我们的技术实力。”公司总经理麦柯思透露企业保持平稳发展的秘诀。

赫尔思曼汽车技术有限公司虽然并不为大众所熟知，但在业内却是鼎鼎大名，是众多高端汽车的零部件供应商，其连接器系统、塑料包覆成型技术、传感器系统以及特种电缆解决方案在高端乘用车制造行业具有极高的认可度。经过对多地的比选，2012 年 12 月 24 日，赫尔思曼汽车技术（南通）有限公司在南通开发区正式设立，用麦柯思的话来说，这是“圣诞节前企业收到的最好礼物”。据介绍，赫尔思曼汽车技术南通项目总投资 6750 万欧元，一期项目注册资本 1500 万欧元，投资强度超 2.62 万元人民币 / 平方米。同时，该项目专业生产高端汽车连接器、传感器和线束，采用国际先进制造技术，创新水平高，对于做大做强南通传感器产业特色板块，推动产业结构调整，加快转型升级，都具有十分重要的意义。

2015 年 3 月，项目正式投产，此后一直保持快速发展的态势，目前年销售额可以突破 3500 万欧元，几乎保持 15% 左右的年收益增长率，让企业不断发展壮大。即使 2019 年的汽车产业滞胀以及 2020 年初的新冠疫情，也并没有阻止企业发展的步伐。“目前项目一期二期都已投产，产能利用率超过 70%，2 月 10 日恢复生产之后，订单未受较大影响，并迅速恢复了全面生产状态。”麦柯思认为，在企业技术实力、产品品质以及成功的细分市场战略的共同作用下，

当前的一些意外情况都不会对企业未来的发展产生太大的影响。“我们是汽车连接器行业的领军品牌，技术标准远高于欧标，为此连续多年获得合资主机厂的优秀供应商奖。”高精尖的技术，让企业对未来发展充满信心。

位于启东生命健康产业园的东进电子材料（启东）有限公司，占地仅3.33万平方米、员工仅50多人，但依靠雄厚的技术实力，实现了每年3亿元左右销售收入，在半导体蚀刻液等湿电子化学品领域，是当之无愧的“领头羊”。

东进电子的母公司韩国东进世美肯公司，是世界发泡剂和半导体化学品业界的跨国公司，是韩国首家开发PVC以及橡胶发泡剂的公司。1983年，东进世美肯进军电子材料领域，成立短短不到20年的时间里，成为全球知名的半导体材料生产商，目前主要产品有光刻胶、湿电子化学品等电子材料和发泡剂，在中国共建立了12个分厂。

2006年，东进世美肯投资1600万美元，在启东滨海设立全资子公司，生产公司最拿手的产品LED蚀刻剂、剥离剂、清洗剂。2011年，企业顺应当地政府化工产业向园区集聚的规划，搬迁至当时的启东滨江化工园，在政府大力支持下，仅用一年时间便竣工投产。

走进企业投料车间，偌大的车间全是各种各样的管道，只有1名操作工在忙碌。因为设备高度自动化，全公司只有20多名一线员工。“我们拥有高端的研发技术和先进的自动化设备，为半导体、LCD和OLED行业生产提供各种辅助材料。”韩籍副总经理郑维新说，“苏州三星、无锡SK海力士、上海中芯国际、合肥长鑫存储、昆山国显光电等都是公司的客户。”

如今，东进电子已经发展成为韩国东进世美肯公司在中国大陆发展最快的子公司，在半导体湿电子化学品产业细分领域独领风骚。由于看好中国半导体市场的发展前景，公司已追加投资500万美元，实施半导体稀释剂扩产计划，以应对半导体行业的飞速发展，创新技术，与半导体企业进行全方位、深层次合作。

（二）融入江海，安心食品从这里走向世界

泰森食品创始于1935年，是全球领先的鸡肉、牛肉、猪肉供应商及生产商，世界500强企业之一，产品畅销全球100多个国家和地区。21世纪初，泰森中国总部正式进驻上海。2008年，苏通大桥通车之年，美国总部看到了南通的地理优势和发展前景，落户南通海门，江苏泰森食品有限公司和海门泰森禽业发展有限公司分别经营肉鸡屠宰和养殖业务。

“进驻南通以来，在地方政府的大力支持和公司全体员工的不懈努力下，泰森南通目前在肉鸡养殖行业已占有一席之地。”回望13年来的发展路程，泰森中国 & 韩国区总裁、泰森华东食品发展有限公司董事吴彤，难掩心中的振奋与喜悦。

由于南通港口道路运输等物流便捷、上下游企业相对集中，泰森南通形成了从种鸡养殖、饲料生产、肉鸡饲养到屠宰加工的完整产业链，包括1个屠宰工厂、1个饲料厂、18个自有养殖场和26个合作养殖场，遍布海门、海安、如皋、如东、启东等南通5个县（市）区，被称之为泰森中国南通集群。2013年6月，泰森华东区域总部

在南通成立，负责整个华东区域的鸡肉销售业务。目前，泰森华东已成为长三角及华中地区众多商超零售冰鲜鸡肉的核心供应商，连续多年荣获沃尔玛、麦德龙、麦当劳等国际领军企业“最佳供应商”等荣誉称号，并被认定为“G20杭州峰会食材总仓供应企业”“南通市放心食材供应链联盟成员单位”。

泰森在南通的稳健发展，与泰森中国南通集群始终将食品安全放在首位分不开。“我们的产品有鸡肉冰鲜托盘、冰鲜、冷冻散装和单冻小包装系列，其中冰鲜托盘为业内首创，深受广大消费者喜爱。”吴彤说，从最上游的肉鸡育种到农场生物安全管控再到屠宰加工等等，每一个环节都遵照总部设定的标准，每天严格执行，“在食品安全上，我们决不妥协”。

如今，泰森南通已将目光投向了深加工领域，正将产业链延伸至熟食加工业务，目标实现从泰森出来的产品直接可以到消费者餐桌，让消费者用最少的烹调就可以享受到美食。预计到2025年，泰森中国实现销售收入300亿元，盈利水平超过泰森全球平均。

以南通为支点拓展全球市场的，还有扎根这里7年之久的凯爱瑞食品（南通）有限公司。收购企业、提升国际化水平、改造生产线，建设物流仓储中心，新建生产厂房、新增生产线……近5年内，南通凯爱瑞整体产销量翻了五番，正全力打造成凯爱瑞集团中国区制造和物流中心的战略目标，助力南通食品产业发展、合作共赢。

历经40多年发展，专注于技术创新的凯爱瑞集团成功从全球乳制品引领者“转身”为风味与营养技术的引领者。目前，凯爱瑞集团在全球拥有三大研发创新中心、150多家工厂，累计创新开发出

南通凯爱瑞食品（南通）有限公司外景

18000 多种产品，在全球 150 多个国家销售。

2014 年，凯爱瑞集团经过考察调研，有感于南通优越的地理位置、完善的基础设施和先进的服务理念，决定落户南通。“更重要的是，我们看到了南通快速集聚的人才储备、氛围浓厚的技术创新，在这里，处处都能感受到干事创业的激情、热情和温情。”北亚区副总裁兼总经理西蒂·迪乌姆介绍，中国市场是凯爱瑞全球战略的重要组成部分，凯爱瑞集团陆续在中国投建了 4 家工厂，南通工厂投资最大，累计已超 10 亿元，成为集团布局中国的重要枢纽。他说，南通拥有众多食品企业也是吸引凯爱瑞的重要因素。当 2014 年 3 月，凯爱瑞食品（南通）有限公司顺利收购原南通“万通食品”，并按照集团统一生产标准对生产线进行改造升级，并在当地政府各相关部门协调下，迅速领到了乳制品生产许可证并实现投产，“起跑”实现稳、准、快。

2016 年，凯爱瑞调整全球战略规划，决定在南通建设物流仓储中心，不仅要满足南通工厂原材料的存储需求，更要为欧美、马来西亚等地的产品进口提供重要支持。2020 年，位于如东经济开发区的南通凯爱瑞，各生产线正开足马力，满负荷生产。在一期改造、二期物流仓储基础上，三期项目新增了酱料线、糖浆线、干混线、包装线等 13 条生产线，新建 UHT 高温杀菌产线，全面达产后，南通工厂年度总销售额有望达 25 亿元人民币。

“我们将持续深度关注和投资南通这片热土。未来，我们有信心、也有能力将南通工厂打造成亚太区运营中心，让融入江海的凯爱瑞风味与营养从这里出发，在世界各个角落绽放。”迪乌姆信心满满。

（三）深耕细作，知名药妆在这里茁壮成长

位于南通海门经济技术开发区的巴塞利亚药业（中国）有限公司，是瑞士巴塞利亚药业有限公司的全资子公司，也是瑞士总部在海外的唯一新药研发中心、在中国的唯一分支机构。在这里，3000 平方米的化学实验室和 800 平方米的分析实验室，依托经验丰富的高素质专业人才以及一流的研发设施，参与了总部所有细菌感染类、真菌感染类以及抗癌类创新药的研发，成为总部新药研发不可或缺的组成部分。

谈及公司一路的成长，总经理周游感慨良多：“海门政府打破

了原有的条条框框，开设绿色通道助力公司落户。比如注册公司、买地，一般来说要半年，但在政府支持下，仅用了一两个月就全部完成。如此高效率的行政服务，大大提振了公司的发展信心。”

作为一家研发机构，最大的财富就是人才，吸引人才、留住人才是立身之本。“当地政府不仅对硕士、博士人才给予一定的津贴补贴，还特别关注海外人才的子女教育问题，‘东洲英才’和‘江海英才’计划等也起到了积极作用。”周游说，“目前研发中心约有 60 名研发人员，平均年龄 36 岁，其中，硕士以上学历占到了 70% 以上。”

人才的涌入，为中国公司的发展注入了活水源泉。中国公司全程参与研发的细菌感染类、真菌感染类创新药，在全球超过 100 个国家上市销售。创新药的上市，为后续的新药研究提供了资金来源，也使总部公司从初创型生物科技公司成长为拥有药品销售收入的成长型公司，更为南通当地的经济发展带来了“蝴蝶效应”，一大批与该产业链相关的供应商纷至沓来。

同在海门经济技术开发区，总投资 1 亿美元的飞弹化妆品科技（海门）项目于 2020 年 12 月 10 日开工建设，建成后将成为日本飞弹株式会社最大的一家生产基地。

日本飞弹株式会社成立于 1950 年，总部位于东京，目前拥有日本千叶和中国昆山两个生产基地，是为资生堂、香奈儿、雅诗兰黛等国际知名化妆品品牌提供口红、香水等容器组件的专业化公司，高端口红容器市场占有率全球第一。2018 年开始，千叶和昆山两大生产基地均实现了满负荷生产。根据全产业链布局规划，日本飞弹株式会社决定在中国筹建第二工厂，在经过浙江、扬州等地的多轮考察、多方比选后，最终选择落户南通海门。

“招商人员很年轻，干劲特别足，洽谈期间政府领导多次到昆山登门拜访，商讨相关事宜，让我们很感动。”飞弹化妆品容器（昆山）有限公司常务副总、海门项目推进室负责人川合孝明说，海门当地的招商热情让他印象深刻。此外，海门区位交通优势和未来的发展潜力，更是项目得以落户的关键。“昆山生产基地已经建厂20多年，生产工艺等相对成熟。海门离昆山很近，未来海门基地建成后，两地工厂之间人员、产品交流会更加方便。而且海门有港口，后续运送货物到日本或其他国家非常便利。”

据介绍，海门工厂土地面积6.67万平方米，建筑面积5万平方米，正式投产后年产量将达到昆山工厂的2.5倍，跃升成为日本飞弹株式会社最大的一家生产基地。瞄准全产业链布局，海门工厂除从事现有化妆品容器研发、生产业务外，还将进一步拓展口红灌装业务。今后，从原料采购、容器生产到口红灌装等全部工艺流程将在海门一家工厂内实现。

优良的营商环境、精准的招商策略、贴心的亲商服务，让越来越多知名外资企业选择在南通扎根、成长，并结出累累硕果。2020年上半年，全市实际使用外资16.98亿美元，总量居全省第4位，完成序时进度的67.9%，圆满完成“双过半”目标任务。

南通，将继续招商引智、以商引商、尊商重商，推动开放型经济高质量发展。

四、通州湾：江苏新出海口的璀璨明珠

面向一片海、拥有一个湾，南黄海之滨的通州湾，正上演着一场惊涛拍岸的城市更新路径革命。

通州湾

（一）多重战略机遇叠加的“独角兽”

通州湾因港而生、依港而建，承载着 731 万南通人优江拓海的梦想。当下的通州湾，随着“一带一路”、长江经济带发展、长三角一体化、江苏沿海开发等国家重大战略叠加通州湾，迎来了百年未有的历史性发展机遇期，可以说是多重战略机遇优势叠加的“独角兽”区域。

在“一带一路”总体布局中，通州湾是21世纪海上丝绸之路的重要节点，经由三洋铁路、新长铁路，全面连通丝绸之路经济带，为广阔的中西部地区提供了更便捷、体验感更强的新出海口，是江苏省“一带一路”交汇点的关键节点。江苏省《关于高质量推进“一带一路”交汇点建设的意见》中明确要求，“大力推进通州湾港区建设，加快航道、码头、集疏运体系建设”。江苏省委书记娄勤俭在江苏日本开放创新合作交流会上介绍通州湾时说：“这里是江苏未来的新增长极，正在打造江苏新的出海口。”长期从事区域发展规划研究的上海社科院原副院长何建华认为，通州湾新出海口建设将更好服务“一带一路”建设，引领长江经济带发展，成为江苏真正意义上的“龙头”港口和长三角世界级港口群的重要组成部分。

在长江经济带发展战略中，通州湾是缓解长江运力需求日益增长压力的重要区域，是承载沿江大型临港产业转型升级的重点平台。2014年9月国务院发布的《关于依托黄金水道推动长江经济带发展的指导意见》中明确“加快推进通州湾江海联动开发”。2018年，李克强总理在南通调研时，明确要求“以国际一流水平规划建设好通州湾港口，把通州湾建设成为长江经济带的战略支点”。江苏省委书记娄勤俭在第二届江苏发展大会暨首届全球苏商大会上指出，南通正在打造通州湾新出海口，建设长江下游江海联动枢纽，未来集装箱从长江经由通州湾出海，是基于时间和成本的科学选择。

在长三角一体化发展战略中，通州湾是长三角核心区、上海周边最具竞争力的发展平台之一，是上海国际航运中心的北翼支撑、长三角港口群的重要组成部分，是上海、苏南等发达地区产业、科技、人才的第一承载地。2019 年 12 月，党中央、国务院印发的《长江三角洲区域一体化发展规划纲要》明确，“规划建设南通通州湾长江集装箱运输新出海口”。2020 年发布的《江苏实施方案》进一步要求“规划建设南通通州湾长江集装箱运输新出海口，完善江海河联运集疏运体系，加强跨江联动发展，努力成为长三角世界级港口群的重要组成部分”。2020 年全国两会上，全国人大代表、江苏省交通厅厅长陆永泉呼吁，将通州湾港区作为上海国际航运中心北翼的核心港口加快建设，打造对外开放新出海口。

在江苏沿海开发战略中，通州湾一直是核心区域和重点平台，早在 2009 年，国务院批准的《江苏沿海地区发展规划》中就提出“做好腰沙、冷家沙建港条件的研究论证”（腰沙、冷家沙即现在的通州湾港区）。当前江苏省正在统筹推进沿江产业战略转移和沿海产业战略布局，作为江苏沿海距离上海最近、联运条件最好、经济基础最佳的区域，通州湾是新一轮生产力布局调整的重要载体、江苏沿海开发的关键节点。江苏省委书记娄勤俭在国务院新闻办庆祝中华人民共和国成立 70 周年江苏专场新闻发布会上，谈到“一带一路”交汇点建设中的开放故事时说：“南通的通州湾港区，正在打造成长江新的出海口……未来江苏的开放故事不仅看苏南，也看苏中苏北；不仅看‘引进来’，还要看‘走出去’。”

（二）南通未来发展新引擎

从空中俯瞰，由北往南，如东洋口、通州湾、海门港、启东吕四，如珍珠般镶嵌在南通 206 公里的海岸线上，见证了 21 世纪以来南通人向大海进军的艰辛与荣耀。2020 年伊始，这四个港区拥有了一个共同的身份：大通州湾。

2020 年春天，南通市委、市政府以南通未来发展新引擎的定位，全力推动通州湾新出海口建设，将沿海洋口港、通州湾、海门港、吕四港作业区整合规划为一个通州湾港区，整个大湾区陆域规划总面积 210 平方公里，规划控制面积 100 平方公里，港口规划面积 97.9 平方公里，港口岸线长度 86.3 千米。

立足新时代、新起点、新要求，以更高站位落实国家战略，“大通州湾”思维体现了当下南通的“大视野”。也就是说，新出海口建设已不再局限于起初的通州湾示范区，而是全市域沿海港口实现规划“一张图”、布局“一盘棋”、资源“一本账”，通过放大国家战略效应，实现全市沿海开发升级。

起步即是冲刺。2020 年，南通市围绕“一年建设、两年开港、三年成规模”的目标，举全市之力推进通州湾新出海口建设。6 月 30 日，南通市举行通州湾新出海口开工仪式，通州湾新出海口吕四起步港区“2+2”码头工程、通扬线通吕运河段航道整治工程、通州湾新出海口一期通道工程集中开工，标志着长三角一体化关于通州湾长江集装箱运输新出海口的国家战略重大工程落地生根，大通州湾正以战斗姿态，奋力谱写“强富美高”新南通建设的崭新篇章。同时，吕四港集装箱码头、疏港铁路和航道计划 2021 年底建成开港，10 月份启动网仓洪 10 万吨级航道建设，加快打造长江“海进江、江出海”的江海联运新通道，都为长江经济带沿线地区以及苏南上海等长三角地区企业出海降低成本、提供便利。2020 年，通州湾 7

通州湾长风新能源

个百亿级重特大产业项目已经落户，千亿级的临港绿色高端产业基地呼之欲出。

在“大通州湾”框架下，通州湾示范区作为新出海口的主体港区，是南通未来发展增长极“隆起带”、新引擎上“最强劲的发动机”。2020 年，通州湾示范区锁定“全国绿色材料新基地、长江经济带联运贸易新支点、长三角北翼全省高质量发展战略布局新高地、全市工业增长新主力”发展目标，确立“以港立区、以产兴区、以商活区、以绿美区”发展战略，明确“五园一城一基地”总体空间布局，正在全力打造长三角区域资源禀赋最优、核心要素最全、产业竞争力最强的发展平台。

在“大通州湾”思维的指引下，通州湾示范区聚焦开发区主责主业，招商引资热潮持续高涨。2020年初，招商体制全面优化，“去行政化”“招商全员化”，推动重点力量向项目建设一线大力倾斜，形成5个专业招商局+2个大项目招商局+全员招商新格局。截至2020年8月，通州湾示范区完成签约项目55个，总投资额424.32亿元，开工项目18个，总投资额超达104.35亿元，已经形成大、优项目纷至沓来的生动局面，为坚定扛起新出海口主战场建设重任提供强有力的产业支撑。

国家战略、江苏期待、南通梦想，“大通州湾”呼之欲出，新出海口未来可期。

（三）长三角核心区崛起的“新中心”

今天的通州湾，正以全新姿态崛起于长三角核心区。2015年，中国经济网等知名媒体就引用一位上海浦东客商的感叹：这里与浦东临港“围海造田”的场景颇为相似，未来不可估量。

这里是环沪“新C位”。通州湾位于中国沿江沿海“T”字形经济带交汇处，紧邻苏南和上海，随着苏通大桥、崇启大桥先后建成，沪苏通长江公铁大桥2020年7月正式通车，通州湾已经全面融入上海 1 小时都市圈。伴随着北沿江高铁、南通新机场的加快推进，苏通二通道、张皋通道、海太通道等 5 条过江通道的全面规划，以及海启、通洋、宁启、通州湾高速和北疏港高速 5 条高速连接线的加快完善，通州湾将真正实现与上海苏南的交通一体化、同城化，以区域相邻、文化相通以及坐拥绝佳本地资源的独特优势，成为承接上海国际化大都市城市功能疏解、策应上海大都市圈建设的重要配套区，继昆山之后，站立长三角环沪核心区的“新 C 位”。

这里是沿海“新枢纽”。通州湾是我国东部沿海建设深水港口的重要战略资源，具备系统性建设 30 万吨级以内各层级码头泊位的良好基础条件，密集的内河航道将深水海港与长江黄金水道密切相连，区域内铁路、高速、公路等贯穿全境，具备江海直达的显著优势，公铁水的无缝对接可实现货物的多式联运。以通州湾深水海港正式启动为核心，洋吕铁路沿海飞架，以三洋铁路连接新长、陇海线，打通丝绸之路经济带；连接长江通海港区与通州湾港区，江海专用铁路线直通双岸；疏港快速通道、高速公路、国省干线、过江通道网状密织；新江海河、通吕运河、新东灶河等三级内河航道江海畅达；整合丰富水上资源，利用新兴的长江游轮市场，建设面向国际的长江游轮母港，如梭巨轮即将从这里起锚远航、千帆竞发，江海联运新枢纽呼之欲出。

这里正在打造大通州湾“新客厅”。当前，海门港、吕四港、洋口港三大作业区的开发建设热火朝天，通州湾核心商贸城作为离它们最近的城市功能区，是服务三大作业区的产业发展和产业人才生产生活需求的唯一综合高端商务区。通州湾人正牢牢锁定“以港立区、以产兴区、以商活区、以绿美区”的发展战略，加快建设创新研发高地、海洋科研基地、会展贸易要地、主题休闲胜地、滨海宜居福地，全力打造南通沿海最美的城市新客厅、新湾区最顶配的城市核心区、长三角上海大都市圈视角下的滨海新城。

在这片通江达海的热土之上，“一带一路”对外开放新门户壮阔打开，长江经济带江海联运新枢纽呼之欲出，长三角高质量发展新样板应潮而上，上海国际航运中心新支撑潮头勇立，纵观 30 年来长三角沿海新区发展脉络，这里正以集中战略投放、优越交通区位、特色资源本底、厚实发展基础，成为继浦东、宁波、杭州等之后长三角城市群投资兴业的新热土。

（四）书写人居生活样本的“新湾区”

湾区是带动区域经济发展的强力发动机，从纽约湾到东京湾，都凭借着开放的经济结构、高效的资源配置能力、强大的集聚外溢功能和发达的国际交往网络，成为引领创新、聚集辐射的核心。

拥海而生的通州湾，正以全新大湾区的姿态崛起于南黄海之滨，通州湾人围绕港口、产业、城市融合发展目标，按照“活力、现代、绿色、精致”的总体定位，加快打造“大通州湾”城市核心区、滨海宜居福地，江苏新出海口的璀璨明珠熠熠生辉。

建设一座国际人才集聚的港口新城。依托 20 万吨级、30 万吨级深水航道，可建设 5 万—30 万吨级大中小综合配套码头泊位 160 余个。当前，小庙洪 5 万级航道建成通航，网仓洪 10 万吨级航道及兼顾 20 万吨级通用泊位即将开工建设，小庙洪上延航道工程和新出

景色宜人的通州湾

海口一期通道工程于2020年6月底启动建设。近年，随着新出海口的全力推进，远洋航线、国际贸易的开通，大宗物流、大宗货运的往来，以及口岸服务、港口金融、智能港航等蓬勃发展，这里将成为更具全球资源配置力、国际市场竞争力的自由贸易新窗口。不远的将来，研发在上海，生产在通州湾、头脑在上海，创业在新港城、线上在上海，线下在示范区将成为新常态，成就国际航运、金融、贸易以及互联网人才巨大的就业和发展空间，成为国际化、开放型、服务型高端人才集聚地，南黄海之滨将崛起一座可与大连、青岛、宁波相媲美的港口新城。

建设一座宜居宜业的产业新城。大通州湾已集聚规上高新技术企业超250家，随着一批世界500强、百亿级项目相继落户建设，人才需求巨大、就业空间广阔、创业机遇无限。通州湾正坚持以人为本、环境优美、滨海特色、精致乐活目标，全力构建以高端产城服务、特色商务休闲为核心的城市功能体系，加快完善以商务酒店、科教展示、海上娱乐、近海休闲、文化传媒等为核心的商务休闲功能，建设高品质公共服务、国际化社区、滨水公共空间、湾区特色景观，大力发展会展贸易、总部经济、文化艺术、研发交流、企业孵化等功能业态，更多吸引服务各类高层次人才、有志青年走进通州湾、投身通州湾、创业通州湾、圆梦通州湾，共同挥洒激情、邂逅美好人生，超越自我、实现梦想。

建设一座海净天蓝的绿色新城。通州湾气候宜人，四季分明，雨水充沛，年平均气温约15度，年均日照2100—2200小时，年均降水量约1000毫米，空气质量常年保持南通前列。在规划建设中，通州湾将始终坚持绿色理念、坚守生态底线，对标世界一流、放大蓝绿空间，做美一湾蓝海、建设一条五彩廊道、打造一串滨海公园链，让绿色与城市相得益彰，让生态与产城互促共融。特别是通州湾得名的这片海湾，是浙江以北、山东以南千里海岸线上得天独厚的蓝色海域，围绕上海大都市圈北翼最稀缺的10公里滨海岸线，正规划建设南黄海独具特色的沿海生态风光带，打造长三角地区海洋生态休闲目的地。这里是最适宜的康养休闲、分时度假、物业投资地。

环沪之中，通州湾正在冉冉升起；长三角上，示范区正在绽放璀璨光芒。处于快速发展“机遇风口”的通州湾，正在积蓄能量，向着更辽阔的时空进发。

第四章

为全球制造

一、南通家纺基地

一座叠石桥，两个家纺城。

桥的东头是海门地界，西头是通州地界。在海门的叫中国叠石桥国际家纺城，在通州的叫中国南通家纺城。

桥，像一根金扁担，挑起了两大市场，挑起了南通家纺业大梁。两大市场构成南通家纺基地。

实体的叠石桥，已经消失在历史的某个章节。留在记忆里的叠石桥，是家纺的代名词。留在记忆里的桥是改革开放之桥，是通州、海门两地党委政府对市场培育之桥。

两大市场，发展得越来越大。两大市场之间似乎还需要一座桥，这桥就像一根金色的铆钉，将两个市场紧紧地融合在一起。

多少年来，中国叠石桥国际家纺城、中国南通家纺城争奇斗艳，成为中国家纺业的奇葩。

南通家纺城全貌

多少年来，两地家纺企业注重品牌打造，是一个个企业品牌、产品品牌的积累成就了南通家纺这个大品牌。

业内人士认为，两大市场在快速成长壮大过程中，引导和支持家纺企业与经营户以科学的内部管理、持续的研发投入，生产质量过硬的优质产品；以精心的形象策划、强势的宣传推介，打造产品持久的影响力，铸就了南通家纺的品牌，赢得了南通家纺的美名。

两大市场，每年通过传统媒体、新媒体等多种宣传手段深入推介，借助载体多样的各类户外广告强势宣传，通过举办中国国际家纺设计大赛、中国家纺节、中国画稿交易会等，扬名南通家纺品牌。

八仙过海、各显神通，众多企业创造或借助各种方法、途径，开展品牌宣传推介，主要包括品牌加盟招商推介、新品发布、季度订货会、明星代言签约、明星见面、各种品牌家纺促销活动等。

目前，两大市场国内外知名家纺品牌超过 1000 个。

（一）品牌创造史

南通家纺品牌创造史，就是南通家纺人一部创业史、一部在高质量发展路上行稳致远的奋斗史。

1994 年，明超国际家纺掌门人胡明亮高中毕业后，用仅有的 2 万元在浙江义乌市场租了一个 2.5 平方米的小摊位，开始人生的创业生涯。

五六年后，他在义乌建立了自己的家纺生产基地，同时注册了商标，正式开始公司化、品牌化运作。

2002 年 8 月，完成原始积累后，他回到家乡，将企业整体落户叠石桥市场，注册了上海明超床上用品有限公司。针对中国家纺行业发展的诸多空白点，他率先提出多品牌经营战略，启动建立“明超国际家纺广场”营销新模式，并创新性利用旅游推介品牌，建立工业旅游区，成为南通家纺史上的一段经营佳话。

1994 年，江苏宝缦家纺科技有限公司的陆维祖兄弟，在志浩市场上率先购置了一台 30 万元的绣花机后，开始铸就品牌之梦。有了好的设备，出了好产品，还得给产品注入文化内涵，于是兄弟俩委托专门公司进行产品设计，包括商标、品牌及新产品研发，形成独立风格。2012 年，伦敦奥运会举办前夕，公司策划了一场“宝缦家纺万人助力，猜奖牌，赢大奖的微博活动”，短短几天营销，转发加评论就达到 2.5 万人，品牌知名度一下子提升了起来。

叠石桥家纺企业厂间内景

南通另一家老牌家访企业——江苏老裁缝家纺工业有限公司，成立于2005年，公司独创性的推出客户体验游，年接待访客5万人次。生产实景完全对外开放，游客边走边看，裁剪、缝制、整烫、检验到成品入库的整个过程，以及10多个风格迥异的展厅，尽收眼底。口碑有了，自然营销额节节攀升。

明超国际家纺、宝缦家纺、老裁缝家纺的品牌打造，不同时期采取不同的销售思路和渠道，获得了不俗的品牌效应。而“金太阳”品牌的红火，则先由被模仿，而后转向自主研发。

1996年，台湾林氏兄弟带着100多款已注册的家纺花型来到志浩市场，1个月就成交几千万元。而没有版权意识的当地人竟相模仿，第二年，志浩知识版权管理办公室成立。

模仿事件，让“金太阳”触动很大，他们随后在中国家纺行业中成立首批概念家纺设计工作室。2007年，公司整合自身设计资源，成立行业首家全功能家纺设计研究院，形成了从纱线材料、组织结构，到生产工艺、面料功能的研发，以及花型、款式为主的产品设计研发功能。

此后，“金太阳”品牌在业界打响。设计研发队伍已经从伊始几个人壮大到120余人，每年开发具有自主知识产权的家纺面料产品上千款，为300多家品牌商提供设计服务，间接推动品牌家纺企业销售总额超过200亿元。

联合国教科文组织时任总干事特拉特在考察后说：“金太阳公司设计理念超前，创意设计已经达到了国际水准！”

版权保护成为家纺业品牌建设的推手，让众多家纺企业对于创意和品牌逐渐重视起来，也对后来南通家纺业的发展产生了深远影响。

（二）南通家纺品牌一直在转型中壮大

江苏圣夫岛纺织生物科技有限公司，建有“品牌创意设计中心”。2003年以来，经历了4次转型。从导入连锁加盟模式，到倡导和传播“爱和感恩”的主旋律，再到寻求差异化经营，导入科技家纺概念，使圣夫岛家纺产品成为行业最具影响力的品牌之一。当下，圣夫岛品牌深化科技产品、文化产品的融合与创新，使得品牌更具产品识别度。

在2018年叠石桥家纺国际博览会上，3000多个家纺品牌亮相，来自印度、阿塞拜疆、俄罗斯、阿拉伯地区等数十个国家的国际贸易商云集于此。不仅是对南通家纺产业发展的认可，也给南通家纺企业的发展注入了新活力。

“一带一路”叠石桥进出口商品交易会现场

至2019年，中国（川姜）家纺画稿交易会已连续举办12届，累计邀请1700余家国内外知名画稿设计单位参展，展出画稿近32万幅，成交画稿约4万幅，成交额近9000万元。设计引领产品革新、推动消费升级，产品也从“低附加”向“高收益”悄然转变，彰显品牌魅力，为做优品牌打下坚实基础。

（三）品牌与渠道相连

好的品牌，没有好的渠道，就不会有传播力。

2020年初，面对突如其来的疫情，江苏美罗家用纺织品有限公司四五百家线下专卖店销售面临停滞，公司依托网红直播，分别针对经销商和线下消费者开辟线上渠道，每场都有一两百万元销售。

在特殊形势下，叠石桥国际家纺城鼓励企业寻求线上线下新业态，引导网红直播、短视频直播等“直播+”新模式，推动企业经营户在瓶颈中寻求突破。

罗迪家纺以内贸为主，2020年年初转战网销，第一季度线上销售额就增加了180%，全年线上销售额目标2.5亿元。

“直播+”新模式，让企业经营户实现了线上线下融合发展，品牌影响力得到新渠道的传播。2018年12月7日，淘宝主办的南通叠石桥家纺产业带家居直播节正式开播，同时家居产业直播基地也在此举行挂牌仪式。

百名网红主播来到家居行业战略生态基地，20多个中式、日式、北欧、轻奢等不同风格的场景化现代家居直播间炫目迎客，中国驰名商标明超、晋帛、伊人岛、蓝丝羽、美罗等家纺知名线下品牌也悉数登场。

直播节当天，直播互动总量高达 1185 万人次，单场最高观看量 34 万人次。

2020 年 5 月 16 日下午 6 点半，知名女演员叶璇来到南通家纺城，在微供大楼直播间，为南通家纺代言。6 小时直播，78.3 万人次观看，销货额突破 200 万元。这就是明星网红直播带货的魅力，也是家纺品牌传播的新业态。

2019 年底，南通家纺城与淘宝官方达成产业带基地合作，为更多家纺淘宝店铺提供直播资源，将每月 16 日定为淘宝直播生活日。

品牌的内涵需要不断注入，品牌的成长离不开企业的转型升级。

面对竞争激烈、风云突变的家纺市场，江苏蓝丝羽家用纺织品有限公司独辟蹊径，以“爱家使者”为诉求，将环保、健康、舒适、实惠的生活理念，作为产品设计研发的主攻方向，打造蓝丝羽品牌。请张国立、邓婕夫妇代言，让消费者倍感亲切。

走进蓝丝羽的生产车间，一条条被子吊挂在生产线上，按照电脑里的预先设定，到目的车台就停下，经负责该道工序的工人作业后，再“流”到另一道工序车台。这套全智能化定制生产线是投资 500 多万元从欧洲特别订制的。2019 年，蓝丝羽生产端的智能化已全部完成。

蓝丝羽是家纺转型蜕变典型的缩影。家纺业是南通的传统产业和支柱产业，素有“世界家纺看中国，中国家纺看江苏，江苏家纺看南通”之称。过去人们总认为，家纺是大路货、低档次的代名词，而南通家纺业以科技创新为动力，向高附加值、高科技含量、高产业集聚度奋力转型，提升了品牌的档次。

回顾南通家纺创牌的历程，一直在与时俱进。

最初的时候是行商，很多年轻小伙子，拿着母亲和姐姐妹妹自己加工的绣花枕套，走出家门到全国各地去销售。后来有了原始积累，一些行商就开始租柜台在商场里销售，变成坐商，再后来发展成开办品牌连锁店。

大约 2009 年，南通家纺城开始出现电商。至 2019 年，作为淘宝镇的川姜镇拥有 13 个淘宝村，带动 2 万多村民实现家门口就业，电商交易额年突破 300 亿元，成为江苏省电子商务十强镇。

2015 年左右，通过微信来交易的微商出现了。这种新业态很受年轻人的追捧，至 2019 年，南通家纺城微供市场集聚微商供货商 530 多家，市场销售额超 100 亿元，成为“创新富民”集聚区。2018 年开始，直播带货在南通家纺城逐渐流行起来。

如果说，南通家纺业在行商时期没有品牌意识的话，到了坐商时期，便开始创立品牌了。在新消费新零售的大趋势下，无论电商、微商、播商，品牌成了销售的支撑。

中国纺织工业联合会副会长、中国家用纺织品行业协会会长杨兆华指出，南通家纺历经 30 多年的发展，通过家纺特色产业孵化效应与专业市场的辐射作用，突出品牌建设，以创新促转型促品牌提升，使南通家纺产业得到迅速发展，形成良好的产业集群和品牌集群，铸就了在中国、世界的影响力。

（四）协同发展

2020 年 3 月，南通市委市政府领导实地调研位于通州的中国南通家纺城（志浩市场）、海门的中国叠石桥国际家纺城（叠石桥市场），研究家纺市场协同发展三年行动方案，时任市委书记徐惠民提出了统一思想认识、统一规划建设、统一产业发展、统一指导服务的“四统一”协同发展路径。

两市场互相接壤，都从露天地摊交易起步，20 世纪 90 年代到 21 世纪初又相继引入民营、外来资本，建设专业市场，南通家纺城（志浩市场）重点发展面料，叠石桥国际家纺城（叠石桥市场）重点发展成品。进入新世纪，两家市场发展迅速，经营户加快集聚，经营额不断攀升，虽然有大致分工，但存在同构竞争、功能重叠、交通不畅等问题。

为此，南通市委市政府出台《家纺市场协同发展三年行动方案》，通过实施家纺品牌提升计划、完善市场功能设施配套、做优做美市场环境、建设跨境电商产业园等途径，推动南通家纺市场信息化、标准化和品牌化水平明显提升，市场管理、产业拓展和基础设施建设取得显著成效，形成多功能、多品类、多层级，家纺特色鲜明、内外贸结合的综合性商品交易市场，成为全球家纺标杆型市场，打响了“南通家纺”品牌。

2020 年 5 月 27 日，《南通家纺产业协同发展规划（2020—2030 年）》进行专家论证，从“以统一主体推进家纺产业协同发展”“协同推动家纺产业高质量发展”“协同升级南通家纺市场综合功能”“实现会展、服务、生活综合配套功能便利化”等 6 个方面提出家纺产业高质量发展，以及南通家纺市场在协同中升级的规划实施路径。展示了未来 5—10 年，南通家纺产业通过协同发展区的建设，能够凭借原有基础和新的优势进一步发展成为有国际影响力的产业集群，并继续在南通区域经济发展中发挥支柱产业作用。

《规划》符合全球纺织产业格局调整的趋势，也符合南通家纺产业协同发展的实际需求。《规划》就是一座桥，就是一只铆钉，将两大市场从骨子里相连，形成超级合力，使南通家纺在高质量发展中再升级，再次打响南通家纺品牌。

链接 南通家纺城

中国南通家纺城（志浩市场）目前拥有家纺企业3000多家，家纺商户1万余家，研发设计单位300余家，从事电商、微商、播商者2万余人，快递营业点达120多个，每天出单100万个。2019年成交额约1000亿元，其中，市场交易额超700亿元，电商交易额超200亿元，外贸进出口额43.5亿元。2015年9月，被纳入市场采购贸易方式试点范围。从2008年开始，每年举办中国（川姜）家纺画稿交易会。

链接 叠石桥国际家纺城

中国叠石桥国际家纺城（叠石桥市场）拥有核心商铺6300多家，从业人员50多万人，经营200多个系列、560多个品牌、1000多种家纺产品，畅销全国350多个大中城市。2019年，市场交易额1200多亿元，电商交易额360亿元，外贸进出口额63.26亿元。2016年，“叠石桥”入围“区域品牌价值评价百强榜”。从2018年开始，每年举办叠石桥家纺国际博览会。

二、南通高科企业的亮丽名片——中天科技

1992 年，中天科技掌舵人薛济萍播下一粒创新的种子，奇迹般诞生了一艘“中天号”工业航母，从如东县河口镇出发，乘风破浪，驶向浩瀚的 ICT 市场“蓝海”，缔造了一个个享誉世界、可圈可点的神话。

从零起步，中天科技形成通信、电网、海洋、新能源和新材料等多元产业格局，拥有 76 家子公司，16000 多名员工，海外布局 6 家工厂、10 个营销中心及 54 个办事处，产品出口 160 个国家和地区，2020 年销售收入突破 700 亿元，把中国企业 500 强、金牌上市公司、全国质量奖和中国工业大奖等荣誉收入囊中。

以国家级技术中心为支撑，中天科技打造自主创新与产学研合作相协同、两化融合相促进的技术创新体系。截至目前，涌现出 9 个行业单项冠军、培育冠军、隐形冠军产品，获得 2100 多项自主知识产权的专利授权，主持或参与制订 370 多项国际、国家及行业标准，是多项成果的国际标准牵头人。近 3 年，累计承担 16 项国家级政府专项，获得国家技术发明奖、中国专利奖、省部级科技进步奖 47 项。

（一）全球第一缆逼退洋品牌

“20年深耕特种电力光缆产品研制开发，成长为全球种类最齐全、设备最先进、产能最大的光纤复合架空地线（OPGW）供应商。”2020年5月13日，中天电力光缆迎来了20岁生日。

20世纪90年代中期，中国的电网建设开始加速，对电力系统专用的特种光缆——光纤复合架空地线（OPGW）的需求日益提升，中国特种光缆市场全部被跨国公司所垄断，而且售价奇高，每公里都在16万元以上。

“一定要造出中国自有品牌的特种光缆。”在工艺技术被彻底封锁的条件下，中天的工匠们发出这样的誓言。

2000年，中国第一条不锈钢管式OPGW在中天诞生；

2007年，中天全铝包钢OPGW中标国内第一个1000kV交流特高压试验示范工程；

2009年，中天OPGW中标国内第一个±800kV直流特高压试验示范工程，亚洲第一的螺头水道大跨越工程；

2011年，中天OPGW中标国家“电力天路”青藏±400kV直流联网工程，架设点翻越海拔5300米的唐古拉山口，创下了国内高海拔、超低温度、超低损耗应用的最高纪录。

中天OPGW产品质量与洋品牌媲美，而售价只有国外同类产品的1/10，到2005年前后，曾经垄断中国市场的跨国公司相继退出。“特种光缆找中天！”中天电力光缆OPGW成为名副其实的中国“第一缆”。2020年，中天96芯、144芯大芯数OPGW中标加拿大、挪威电网工程，中天“OPGW”的金字招牌再一次引起世界瞩目。

向海外拓展，中天人的目光投向海外。参与国际竞争，KEMA[1]认证是一个绕不过去的“坎儿”。2007年，中天电力光缆有限公司在国内唯一取得国际KEMA认证；2008年，获得南非国家电力OPGW[2]入网认证。

拿到进军国际市场的通行证，中天高强度OPGW相继打进印度国家电网、获得南非5年框架招标最大份额；2010年，专门为沙特研发生产的48芯OPGW成功出口；2015年，攻克光缆椭圆度等关键问题，为沙特开发生产96芯超大芯数的OPGW；2016年，针对位于腐蚀严重地区的中电装备埃肯OPGW项目，公司通过与防腐缆膏厂家共同研究，开发出系列高耐腐蚀型铝包钢管OPGW，通过加拿大KINECTRICS试验室的1000小时、3000小时盐雾试验，没有漏钢、腐蚀等现象发生，满足了国外用户的防腐要求；2019年，在面对美国OPGW严苛的应力应变要求时，公司科研团队经过无数次光纤工艺的调整以及成品拉伸试验的验证，最终成功攻克了光纤无应变的技术难题，成品OPGW通过了全套的第三方试验，满足了客户现场验收的要求，线路运行至今状况良好。

如今，中天OPGW出口160个国家和地区，连续20年全球市场占有率第一，创下了国产OPGW品牌大截面、大跨越、高电压、重覆冰、高强度、耐雷击、耐低温的最新应用纪录！南通中天人用辛勤的汗水和充盈的智慧书写了从无到有，从追赶者到领头羊的辉煌。

---

[1] KEMA：是全球能源领域的咨询、测试和认证的权威机构。

[2] OPGW：指一种特殊光缆，兼具地线与通信双重功能，一般用于铺架光纤通信网。

中天科技公司车间里的科研人员

（二）引领民族海缆自主创新

在南通经济技术开发区，一座143米的“大楼”高耸入云，被称为“光电缆之王”的海缆核心组成件，就是从这个高塔中生产出来的。

这座“超高压立塔”的拥有者，正是国内光电复合海工线缆科研的先驱——中天科技海缆。2004年，中天科技海缆有限公司成立，向着被誉为光电传输中的“金字塔塔尖”海缆进军，填补国内空白。从无到有，从有到优，从优到特，中天人用不到20年的时间，跨越了国外同行一个多世纪的历程，开创了中国海缆制造的历史先河。

1999年中天科技成功研发国内首根非金属海光缆，正式开启了他的“海上之旅”：国内率先研制成功3芯66千伏、3芯110千伏、3芯220千伏交流光电复合缆；世界首家研发成功500千伏交联聚乙烯绝缘交流海缆系统，将线路传输电压等级由220千伏提升至500千伏，开辟了海洋输电新篇章，树立了中国海缆品牌。作为全球海缆最具竞争力企业十强、中国第一的中天海底电缆代表了我国海缆研发技术水平。

中天海缆参与了国内所有柔性直流工程建设，相继承接了南网南澳 ±160千伏、国网舟山 ±200千伏、国网厦门 ±320千伏、三峡如东 ±400千伏4个世界先进的柔性直流输电示范工程建设，代表中国率先研制成功超高压 ±525千伏柔性直流电缆，实现中国柔性直流电缆国产化发展的“五级跳”，不断实现自我跨越。

2020年4月，欧洲领先的电力供应商抛出绣球，邀请中天海缆参与开发荷兰 ±525千伏柔直海缆，用于海上风电场电网连接工程。逐鹿欧洲高端市场，中天海缆频频赢得订单，源于他们的首秀打了一场漂亮仗。2017年1月，中天海缆参加德国“海上风电连接用海底电缆生产、交付及安装总包工程”项目竞标，在强手如林的角逐中胜出。

2019年3月，中天海缆国际部团队，开赴德国北海施工，遇到风机升压站无法登上平台、水下机器人多次失去信号等难以想象的困难，他们一一攻克，提前两个月交付运行。2019年11月27日，155千伏海缆总包项目完工总结会在德国柏林举行，德国电力公司高管频频向中天科技海缆有限公司总经理竖起大拇指点赞。中天海缆由此实现了中国海缆厂家在欧洲重大海上风电市场供货零的突破，标志着从海缆供应商转变为系统集成服务商。

夜幕降临，孟加拉国吉大港的苏万迪坡岛上，亮起了耀眼的灯光，家家户户围坐在一起看电视。给岛上 40 万居民送去光明的是中天海缆铺设的海底电缆输电线路。该项目为孟加拉国 BPDB——孟加拉国电力发展委员会的 33 千伏海底电缆总包项目，也是中天海缆以综合优势，击败国外对手，第一个挺进国际市场的总包项目。施工团队搬走最深达 6 米的海缆埋设深度和超长登陆距离等拦路虎，提前交付使用。

中天科技海缆公司总经理薛建凌说，2020 年，疫情暴发，许多企业订单下跌，而中天海缆承接订单 100 亿元，显示出科技创新强大的生命力。中天海缆走出去，服务“一带一路”沿线 50 多个国家，承担一个又一个 EPC 国际总包工程项目，提升了“中国制造”的大国形象。

（三）漏缆抢占 5G 风口开先河

2020 年 7 月 1 日，中国首座使用 5G 漏缆实现信号覆盖的高铁大桥——沪苏通长江公铁大桥正式通车，铁路桥 5.837 公里主跨段就采用了中天射频电缆有限公司的 5G 漏缆技术。

中天射频电缆拥有独家专利技术的漏缆技术解决方案，生产的漏缆产品获评工信部全国制造业单项冠军称号，研发的 5G 专用漏缆，解决了 5G 信号在隧道、地铁等一系列密闭空间的布局问题。2019 年 5 月，中天研制的 5/4 新型 5G 漏缆，在郑州地铁 5 号线投入使用，助力中国首个地铁隧道 5G 覆盖获得成功。

中天科技公司厂间内景

漏缆主要满足山区隧道和地铁、矿井等特殊场合无线通信所需。通俗一点讲，漏缆好比是为无线电波的进出洞开了一扇“大门”。

2007 年，中天科技开始研制漏缆。当时，中国漏缆市场由欧美两家公司垄断。从零起步的 3 名技术骨干，奔赴国内外科研机构和生产企业系统学习漏缆生产技术。漏缆护套表面有一根凸起的标识线，用于标识漏缆辐射方向，首单量产时，由于生产线存在扭力，导致标识线发生严重偏转，无法正确指示辐射方向。当时，以中天射频电缆总工程师蓝燕锐为首的技术团队，连续奋战7个昼夜，终于找到漏缆不再打扭的解决方案。2008年，南京地铁一号线南延线专用与民用无线系统漏缆采用中天制造，打破了国外品牌长期垄断的局面。

与此同时，中天射频不断创新技术，开发了多个系列化产品，如地铁5G漏缆、高铁5G专业漏缆等，走在了同行前列。

2017年，中天LTE-M漏缆在中国首条自主化无人驾驶地铁线路——北京燕房线上进行中国首例综合承载业务应用，一炮打响，全国各大城市地铁纷纷采用这套经过实测的技术方案。不久，中天LTE-M漏泄同轴电缆在全国LTE-M最长运营线路——南京地铁宁高线获得成功。2018年，中天LTE-M漏缆应用到北京地铁新机场线“国字号”工程，护航“中国最快地铁线”安全运营。

2019年，中天射频承接中国首个5G高铁——京张高铁专用漏缆试点试验。然而高铁列车损耗远大于地铁，且电信、联通5G频率高，空间损耗远大于4G频率，漏缆系统损耗性能需大幅提升。中天射频专项攻关小组的技术人员全员突击研发，成功解决了高铁5G漏缆难题。中国现有高铁项目均参照中天射频方案设计。

十年磨一剑，中天射频电缆已成为中国漏缆品种最全、规模最大的研发和生产基地，市场占有率稳坐第一。

（四）匠心成就中天创造

2020年1到9月，中天科技股份有限公司光缆总厂生产的全介质自承式架空光缆ADSS出口60960公里，远销欧美、中东、东南亚等，市场占有率连续数年攀高。这个被工信部授予“单项冠军”称号的产品，研发团队竟是一批“土专家”。

“ADSS 的研制除要进行普通光缆一般要做的机械性能、环境性能、光学性能、光缆结构尺寸 40 多项的检测试验外，还要进行 1000 小时盐雾试验、过滑轮试验、抗枪击试验、1 亿次风激振动试验、10 万次舞动试验、外护套耐电痕试验等，样样指标合格才量产。”当年的 ADSS 项目经理缪小明回忆说，“做 1 亿次风激振动试验时，攻关团队连续 42 天像哨兵那样守卫在现场，严防死守。”

第一次风激振动试验、第一次过滑轮试验、第一次耐电痕试验，ADSS 创下了 3 个中国第一，才赢得“特种线缆找中天”的美誉。中天科技还在国际首创增强型 ADSS 光缆，具有防鸟防鼠性能，国网公司招标全部由中天包揽——中天研发的轻型全介质自承式光缆，国际首创自绞式结构——ADSS 光缆的抗弯曲能力大大增强。

要么不干，要干就要干到最好、干到极致，这就是中天人的特质。选最好的设备、最好的材料、最好的工艺，打造出中国最好的 ADSS 光缆，这是中天人的信念。

1992 年 10 月，河口砖瓦厂更名为“江苏中天科技股份有限公司”，厂长薛济萍挥手告别“秦砖汉瓦”，带领员工挺进光缆这一当时由老外主宰的市场。“我转产的初衷，就是看到高科技产业领域大多数由外国产品垄断，我希望为‘中国制造’杀出一片新天地。”

光纤光缆的原材料光棒被外国大公司把持，2002 年，薛济萍带领一班人发愤图强，潜心攻关，建立起光棒—光纤—光缆及其配件的完整通信产业链，一举成为国内唯一拥有光棒棒芯和套管生产工艺、百分之百知识产权和百分之百完整股权的高科技企业。

“沧海成陆不易，先辈开荒拓土艰辛”。江海文化的熏陶为每一位中天员工植入了精细创新的基因。2011 年 4 月，中天科技成立国内首家民营企业“知识产权银行”。员工往“银行”里存的是“智慧”，取出来的是“真金白银”。截至 2021 年 11 月，中天科技集团知识产权银行储户达到 8032 人，知识产权银行积分可兑换金额达 1550 万元；共收集合理化建议 96884 条，可兑换金额达 726 万元。

走专、精、特、新的高质量发展之路，打造科技创新的高地，中天科技建立国家级企业技术中心、博士后科研工作站等 10 多个省级以上技术创新平台，创立了中国第一家光电传输研究院，与中科院苏州纳米所、中科院物理研究所、清华大学、上海交大、浙江大学等院所高校建立产学研合作关系。不拘一格降人才，公开赛马选良驹，170 名专家、38 名博士加盟创新，股票激励、虚拟股权激励、海外奋斗者双薪激励，每年评选表彰“十大奋斗者”，激发科技创新成果竞相涌现。

当下，依托 “智能制造”联盟和外部自动化、数字化生态合作伙伴，以工业互联网为基础，以智能制造为主攻方向进行制造业数字化转型升级，中天科技正朝着中国数字化制造领军企业阔步迈进。

三、船谷：驶向大海的大国重器

谷，原指山谷，进入工业化与智能化时代，人们经常用谷形容重大产业集聚地。比如，“硅谷”是洛杉矶的标志，“光谷”是武汉的标志，“船谷”则是南通的标志。

“南通要充分利用港口潜力，形成中国乃至世界级的船舶修造基地。”这是南通所背负的来自全国上下的嘱托和期盼。

船谷凝聚着国家、省、市多个宏观经济管理部门的心血与智慧。2008 年通车的苏通长江大桥，2020 年通车的沪苏通长江公铁大桥，是备受南通人民关注的两座过江通道。两座斜拉桥，相距 40 公里，就跨度而言，其实是颇为相似的：苏通大桥的主跨是 1088 米，沪苏通大桥的主跨是 1092 米。就通航净高而言，均为 62 米，这意味着在极端情况下大桥主跨底部距长江洪水季节最高水位 62 米。通常，通航净高的提升意味着大桥造价的提高，国家有关部门在确定 62 米的通航净高时的出发点之一，就是为南通船舶与海工产业留下足够的发展空间。

滚滚长江东逝水。如今，新兴南通船舶海工产业在转型升级的道路上劈波斩浪，在波罗的海指数屡屡重创的大背景下交出了一份亮丽的答卷。

（一）水的企盼

江海平原，通江达海，水网纵横。南通是一座因水而生、因船而兴的城市。

早在扶海洲、胡逗洲、东布洲并存的沙洲时代，这里的先民出于对大江大海的敬畏心理和征服意愿，对船有着神圣的景仰与企盼。

1984 年，在当时的如东县汤园乡（今属如东县新店镇）曾经出土了一艘东汉楠木独木舟，长约 15 米，用整段楠木从中间破开再挖空制成，形如梭状，两端略带上翘，横断面呈弧形。这是南通境内目前出土的最早的舟船。

1973 年，在当时的如皋市蒲西乡（今属如皋市白蒲镇）亦曾出土一艘唐代小型运输船，长 17.32 米，主体部分用松木和杉木所制，独桅，载重约 20 吨，适于行驶于江河中。

唐宋之交的五代，江海平原先后为南唐和北周所统治。根据《方舆志》记载，公元 958 年（后周世宗柴荣显德五年），后周静海制置巡检副使王德麒在此筑城，定名通州，取意以舟楫通向吴越之地。

在近代，作为爱国企业家的典范，张謇先生留下了诸多开风气之先的创举，其中，百年港闸的大达轮步码头，“通源”“通靖”两座码头，“大稣”“大德”“大昇”三艘江轮，中国第一艘蒸汽机渔轮兼渔政船“福海”号，留下了“我踏金鳌海上来”的航迹，开启了“渔界所及，海权所至”的蓝色理念。

（二）港的尴尬

尽管南通拥有发展造船业的天时、地利、人和，但是，令人遗憾的是，在改革开放前，南通几乎没有现代造船业。

南通的对外开放是从船舶开始的。

1982 年 11 月 19 日，第五届全国人大常委会第二十五次会议批准南通港对外国籍船舶开放。

1983 年 5 月 24 日，巴拿马籍外轮“格陵兰海”号的到来，宣告了南通港走向世界的征程。

与江上巨轮悄然来形成强烈反差的是，当时的南通只有屈指可数的几家小型客货轮修造厂。“十年动乱”后，国家曾经在南通建了一家渔轮厂，生产小型渔轮。因体制、机制原因，该厂一度陷入困境，最终被兼并。

20 世纪 80 年代，南通开始了第一次城市发展的转型，由传统的轻纺工业城市向现代化港口工业贸易城市转型。“外向开拓，以港兴城”的观念深入人心，港口经济的产值在全市经济中的地位与日俱增。但是，在港口经济中处于核心地位的造船业一直处于不温不火的地位，这种结构性矛盾日渐突出。

造船业是人类最古老的产业之一。现代造船业则是一个集人才、技术、资金密集于一体的产业。进入近现代以来，世界著名的海洋强国、航运强国、制造业强国，无一不是造船业强国。在前工业的风帆时代，航运强国荷兰享有“海上马车夫”的盛誉。19 世纪 20 年代，以蒸汽机和钢铁广泛运用的第一次工业革命，同时掀起了船舶建造技术的革命，英伦三岛的造船业雄居世界霸主地位，也使“日不落帝国”成为 19 世纪的头号资本主义国家。进入 20 世纪后，欧美造船业在长达 50 余年的时间里保持着一统天下的格局。从 1956 年开始，世界造船版图东移，日本造船业出现反超。在 20 世纪最后 10 年间，造船再度出现梯度转移，韩国超越日本成为世界造船工业的新宠。

（三）奋斗人生

在造船“大西洋时代”向“太平洋时代”转移之际，拥有数百公里江海岸线的南通，成为各方关注的焦点。

正如南通纺织工业起步于大生纱厂，南通造船工业起步于南通船厂。

1977 年，当时的国家交通部在规划南通水运蓝图时，规划了“一港一厂”。南通市委、市政府动员了近 3 万人肩扛手搬，抛石头、运土方，热火朝天地干了起来，把蓝图变为现实。此后，作为港口的南通港在长江对外轮开放的东风中迎来了黄金般的机遇。作为船厂的南通船厂还未形成生产能力就被宣布缓建，船厂里“码头太阳晒，工人晒太阳”，濒临倒闭。

1987 年，南通船厂由交通部上海海运局移交南通港务局。这一年 11 月 7 日，在企业面临生死存亡的关键时刻，31 岁的李建红被任命为厂长。

上任前，南通港务局领导找他谈了话，希望他能挑起这副担子，所给的政策是零对零：“既不要你上交一分钱，上面也不给你拨一分钱。”此举意味着李建红和船厂要自己找饭吃，自己养活自己。

李建红是一个有志向、有知识、有干劲的青年，学的是水运工业企业管理，他凭着自己的努力从车间主任一直干到副厂长。担任厂长后，他暗暗立志：要让南通船厂在自己手里振兴起来。

李建红一面整顿企业，一面四下奔走争取业务。第二年春天，船厂出现转机，步入正轨。正在这时，李建红获悉，中国远洋运输总公司（后简称“中远”）正在全国物色一个大型船舶修理基地。当时的中远拥有600多艘远洋轮，抓住难得的机遇，成为中远旗下的修理基地，意味着船厂可以实现梦寐以求的理想。

然而，当时的体制、当时的思维定式，构成了不小的障碍：船厂是南通的，怎么能给中远呢？肉要烂掉也就烂在自己的锅里啊！

为了争取领导的理解与支持，李建红曾经闯进领导的会议室，也曾撑着伞在领导楼下等待了整整两个小时，还花了一个晚上的时间给领导写信陈述理由。时任南通市委书记的吴镕同志是一位有远见卓识的领导，他多次阐释“不求所有，但求所在”的意义，并坚定支持李建红的意见。

1988年9月，南通船厂由中国远洋运输总公司接收。中远总经理来到南通后，提出了改扩建总体规划，并拨款建设岸上建筑、码头设施等硬件设施。

1991年，远东最大的15万吨级“南通”号浮船坞落户南通。南通中远船务发生了翻天覆地的变化。1995年，随着业务的不断扩大，“一坞二泊位”生产格局不能满足企业修船生产任务，中远人通过对一艘30万吨级超大型油船改造自建，成功建成8万吨级“远通”号浮船坞，创造了当时修船吨位、坞修周期、人均创利、人均产值四项中国第一。

（四）强强联合

1995 年底，中远与日本川崎重工业株式社会决定，在通兴建大型造船企业——南通中远川崎船舶工程有限公司。

日本川崎重工业株式社会是一家有着上百年造船史的企业，它与中远合作的历史有数十年。中远集团是在与大量造船企业接洽与比较后选择了日本川崎的。川崎一直非常看好中远集团这个投资伙伴，也看好改革开放后中国这个巨大的船舶市场，更看好南通的区位优势。

然而一开始，这种强强联合并不为一些人所看好。在国际上，造船业面临退出障碍大的特点，为了保证本国船厂的生存，发达国家的造船行业一般不鼓励本国船企通过大规模投资培养自己的竞争对手，通常会设立多种“隐形门槛”。在国内，国家有关部门正在联合清理造船基础设施低、重复建设等问题。船企被认为是微利的夕阳产业。在这样的国际、国内大背景下，中远集团和当地政府对中远川崎造船项目充满信心，对它的定位是：具有先进性和代表性的企业。

艰难困苦，玉汝于成。

2002 年 9 月，一艘当时中国制造运力最大、自动化程度最高的 30 万吨巨型油轮“中远远大湖”号在南通中远川崎建成下水。巨型油轮简称“VLCC”。“中远远大湖”号建成下水，实现了巨型油轮“国轮国造”零的突破，也意味着中国造船技术水平有了重大突破。

2003 年 5 月 1 日，央视播出庆祝五一国际劳动节特别节目《我们都有一双手》，著名播音员罗京担任主持人。节目录制的现场就选在了当时正在建的“中远远大湖”号的二号船“中华远明湖”号甲板上。

超大集装箱船

透过镜头，一个场面恢宏的现代化造船基地呈现在大家面前。通过节目访谈的播出，中远独具特色的企业管理模式也为世人所知晓。

2006 年至 2008 年，南通中远川崎自主设计建造了 1 万标箱超大型集装箱船。当时全球具备万箱集装箱船设计建造能力的船厂凤毛麟角，仅有丹麦、韩国等极少数船厂具备这个能力。

2010年开始，在“外无借鉴、内无经验”的情况下，南通中远川崎集中精力打造13386标箱超大型集装箱船，并于2013年建成。

此后，中远集团与中海集团进行了重组，诞生了远洋运输的巨无霸——中远海运。南通中远川崎变身为南通中远海运川崎。2017年至2019年间，完全由南通中远海运川崎自主设计研发的新型2万标箱超大型集装箱船，涵盖了全流程作业环节。为圆满完成任务，南通中远海运川崎集中精干力量，从船舶主尺度、低阻线型开发、结构强度、绿色环保以及绑扎桥设计等方面进行技术攻关，设计出了具有装箱量大、油耗低、适货性强、安全可靠、绿色环保、智能化程度高等特点的新型船舶。这期间，以星座系列命名的“中远海运白羊座”“中远海运狮子座”“中远海运摩羯座”“中远海运宝瓶座”相继交付使用，实现了中国造船的群体跨越。

对于这样的群体跨越，专家们评价说：南通中远海运川崎仅用10年时间，追上了欧美造船企业100年、日本造船企业50年、韩国造船企业30年所走过的历程，是真正的跨越！

（五）希望之路

2007年，对于南通中远船务来说是不平凡的一年。

2007年3月22日，随着“SEVAN-650”建造合同在上海签订，南通中远船务向着全新领域——海洋工程装备制造迈开了坚实的第一步，擂响了企业产品结构转型升级的战鼓。南通中远船务人发扬艰苦奋斗的精神，在金融危机的严峻形势下，实现了华丽转身。

“SEVAN-650”是南通第一个海工项目。海洋工程源于船舶修造，却在资金、人才、技术方面远远高于船舶修造，被称为“造船王国皇冠上的明珠”。

“SEVAN-650”是世界上第一座圆筒型超深水海洋石油钻探平台。因为是第一个项目，最初，它被音译为“塞万一号”。不久，中远人将它改译为“希望一号”。中远人解释说，这个名字，代表了中远人进军世界级海工项目的希望。

2008年4月18日，中远船务（启东）海洋工程有限公司在启东寅阳镇成立，由南通中远船务全面负责启东中远海工的经营管理。南通中远船务采用延伸管理的方法对启东中远海工进行经营生产管理，海工建造采用项目管理模式。至此，形成两个企业一套领导班子的管理格局。

在最早升起朝阳的启东迎来了怀揣海洋强国梦想的追梦人。崔建峰也正是此时成为启东中远海运海工第一批焊工，自此他从走南闯北、居无定所的打工者变成一名蓝领技术工人。“希望”系列首座平台的分段制作，特殊钢材焊接是一道极为关键的工序，它需要的不仅是沉稳、细致，还有高超的技术水平。崔建峰被委以重任，他深知责任重大，在潜心学习的基础上反复研究特殊钢材焊接，并在实践中不断摸索、试验，在屡次实验的基础上完成了“希望一号”项目第一个分段的第一条焊缝，当挪威DNV船级社[3]严格的验船师现场反复检验，由衷的竖起大拇指说：“这就是标准、是标杆！”

[3] DNV船级社，世界知名的船级社和国际权威认证机构。成立于1864年，总部位于挪威首都奥斯陆。为客户提供全面的风险管理和各类评估认证服务，主要涉及船级服务、认证服务、技术服务等方面。

夕阳下的远洋船舶

2009 年 11 月 23 日，“希望一号”成功交付，创造了我国装备制造业的里程碑，标志着公司海工建造能力已跻身世界先进行列。2010 年 1 月 15 日，时任中共中央政治局常委、全国人大常委会委员长吴邦国一行视察了南通中远船务，对企业成功交付世界先进海工产品、实现海工装备科技研发新突破给予了肯定。

2013年初，“希望一号”获得了国家科技进步一等奖。

2015年启东中远海运海工成立了南通市崔建峰船舶电焊工技能大师工作室。目前，公司自有主体工种近1200人，经崔建峰培训、指导的焊接高级技师、技师共121名，占主体工种队伍总人数的10%；中高级工556名，占主体工种队伍总人数的46%。他们在生产一线重大船舶和海工项目上发挥了重要作用。

（六）大国重器

事实胜于雄辩。从南通船厂到南通中远船务，现实让各方达成了共识：“船舶修造不是夕阳产业，而是朝阳产业”。

南通高度重视船舶海工产业，将其列为“3+3+N”产业体系[4]中的主导产业予以重点扶持，持续推动产业升级，向豪华邮轮、海工装备等高技术装备领域发展，高技术船舶、海洋工程装备同步发展，关键配套取得突破，建成交付了一批世界首制、国内首制船型，产业规模和技术水平居国内前列。

2020年，南通船舶海工产业产值同比增长12.3%，造船三大指标总体好于全国平均水平，其中造船完工量同比增长29.3%。高端领域持续发力，“大国重器”相继诞生。凭借“靠江、靠海、紧邻上海、承南启北、辐射长江中上游”的独特优势，南通成为船舶海工发展的首选地区，先后被工信部、科技部、商务部认定为：国家新型工业化

[4]“3+3+N”产业体系，第一个3，是高端纺织、船舶海工、电子信息三大重点支柱产业；第二个3，是智能装备、新材料、新能源和新能源汽车三大重点新兴产业；N是指符合产业发展导向、有利于发挥自身优势的若干产业。

刚刚建成的大型船舶

产业示范基地、国家高技术船舶产业基地、国家船舶出口基地。

如今，在江海交汇处，集聚了南通中远海运川崎、中远船务、招商局重工、振华重工、中集太平洋海工、象屿海洋装备、韩通重工、吉宝重工等一批旗舰型、龙头型企业，已形成国有、民营、外资协同发展的格局，船舶、海工装备市场份额分别约占全国的 1/10、1/3，产业集聚效应凸显。

400 公里的江海岸线上，一个又一个行业内外具有影响力的“大国重器”从这里诞生，南通船舶海工高端产品亮点频现。南通市船舶海工企业在高端产品领域持续发力，成功建造交付了全球首个驳船型浮式 LNG 储存及再气化装置（FSRU）、世界首个浮式液化天然气生产驳船（FLNG）、亚洲最大的绞吸式挖泥船“天鲲号”、国内首个总包工程浮式生产储卸油平台“希望 6 号”、4500 吨大型抢险打捞起重船“创力”号、2000 吨风电施工平台、全球首制深海动力定位原油转驳船（CTV）等一大批国内、国际首制高端船型。

与此同时，整个产业的高端配套能力不断提升。南通振华传动机械研发生产的自升式平台升降系统等关键配套设备实现装船；南通润邦重机生产的液压式插销升降系统已批量配套国内多家海工企业建造的平台；华滋海工生产的世界最大的 C 型船用液罐为全球首制 85000 立方米超大型乙烷 / 乙烯船配套……

近两年间，一个个振奋人心的好消息接踵而至：由南通中远海运船务主研、启东中远海运海工等 8 家单位参研的“海上 8MW 级大型风机高效高稳自航自升式安装平台与关键技术”项目荣获 2019 年度中国机械工业科学技术一等奖；招商局工业海门基地建造的中国首艘极地探险邮轮“阁默号”穿越德雷克海峡，历风雪、闯冰区，成功完成南极首航……

四、南通创新区：创新策源地 城市新中心

1000年前，南通开始筑城凿河，母亲河——濠河以宝葫芦的形状护佑崇川福地，赋予这座城市兼容并蓄的温润气质，孕育了以著名实业家、教育家张謇为代表的一批近代通商。千年之后，同样是宝葫芦状的紫琅湖，正在以新的形象、新的方式接续城市文脉，赋能江海未来。

以紫琅湖为地标的南通创新区成立于2016年9月，处于南通滨江城市格局的中心地带，她正按照未来城市新中心的定位，全力打造科技创新中心、金融商务中心、企业总部中心。因其一流的功能载体、一流的服务配套、一流的创新创业生态和可持续的扶持政策，创新区正在成为创新策源地，城市新中心。

（一）承载新使命

近年来，南通按照中央和省委决策部署，深入贯彻新发展理念，扎实推动高质量发展走在前列，“强富美高”新南通建设取得新成效。2019年南通全市实现地区生产总值9383.4亿元，2020年已迈入“GDP万亿城市俱乐部”。南通资源禀赋优越，交通运输便捷，产业基础厚实，发展潜力巨大。北沿江高铁、南通新机场等重大战略性工程写入国家

战略规划，如通苏湖等城际铁路正加快规划建设，“十四五”期间将迎来“八龙过江”格局，加快实现与苏州上海交通一体化、生活同城化。

随着长三角一体化发展等国家战略纵深推进，站在万亿俱乐部“门槛”上的南通进入了发展的黄金“机遇期”、重要“风口期”。当前，南通创新区正以习近平新时代中国特色社会主义思想为指导，积极践行省委、省政府赋予南通打造全省发展新增长极的时代使命，按照“全方位融入苏南、全方位对接上海、全方位推进高质量发展”的思路，加快建设长三角区域创新示范城区，不断拓展“强富美高”实践新境界。

创新区位于城市空间格局的核心区位，紧邻中央商务区、国家级开发区、国家级高新区、南通大学和狼山森林公园，东临 G15 高速，西接沪苏通长江公铁大桥，北依汽车东站及北沿江高铁，与上海、苏南直接连通。建设中的地铁 1 号线穿区而过，2 号线紧邻而行，区内五纵四横的路网已经全部建成，区内外交通已经形成了“内成网外连环”的立体格局。通过快速轨道交通，将直接连接未来作为上海国际航空枢纽重要组成部分的南通新机场，届时从南通新机场到创新区 15 分钟左右即可抵达，创新区也将成为南通向世界展现风貌的窗口。

创新区以建设长三角区域创新示范城区为目标，规划建设南通创新区，起步区规划面积 17 平方公里，坚持国际化视野，高标准定位、高起点规划，坚持“以人为本、职住融合、生态友好、配套先行”原则，围绕企业的发展平台、医疗、子女教育、养老、运动健康等多元需求，邀请中国城市规划院、美国 AECOM（爱亦康）景观公司、新加坡裕廊集团和法国建筑设计大师保罗·安德鲁等国内外知名设计单位、建筑大师，为创新区开发建设进行“谋篇布局”。未来的创新区将连同

南通国际会展中心

已经建成的中央商务区与即将向东拓展的东扩区域，形成 52 平方公里的核心区，更好地拉动城市能级的提升，展现城市形象。

站在紫琅湖畔远眺，跃过波光粼粼的湖面，一座沿湖而建的微弧形建筑显得分外耀眼和优雅，她是南通创新区的标志性建筑——国际会议中心。围绕着国际会议中心走一走、转一转，目之所及，是一幅“碧波荡漾、鸟语花香、绿树成荫、高楼林立”的美好画卷。中央森林公园是创新区的生态绿廊，面积为 2.66 平方公里，呈南湖北园格局，由南向北依次为紫琅湖、紫琅湿地、紫琅花谷、紫琅林谷。南部为 1.6 平方公里的紫琅湖及环湖绿地，北部为 1.1 平方公里的森林公园，包含各类乔灌木及植被百余种，种植各类树木 30000 余棵。目前整个创新区内绿地率达到 20.7%，水面率达到 11.2%。

创新区作为南通创新驱动和转型发展的新兴核心功能区，主动承接苏南产业转移、成果转化，主动接受上海全球科创中心辐射带动，主动共建跨区域多层次产业创新的高能级平台，最大限度聚焦科技研发、汇聚科创资源、吸引高端人才。围绕“1+3+N”产业定位和实际需求，与知名高校、大院大所共建研究院和研究生培养基地，着力打造科技创新的策源地。提供“百亿”科创基金，为人才创业项目提供更为基础的研究生态和人才储备。

目前，创新区已引进北京大学、中科院上海技术物理所、中北大学等知名院所，与京东集团、通富微电、蜂巢数据、博彦科技等联合打造集众创空间、创新大赛、创业辅导、创业学院等于一体的创新平台。

区位优越、规划超前、环境优美、创新生态、宜居宜业，得天独厚的创新区在新时代迎来了发展的新风口、新机遇。

（二）“一大三小四中心”新定位描绘发展新蓝图

2020年以来，创新区按照市委十二届十次全会赋予的城市新中心、科创中心、金融商务中心和企业总部中心的新定位，不断营造城市功能的强磁场、打造科技创新的主引擎，加速“业态、形态、生态”有机融合，构建融入苏南对接上海的引领区，争当高质量发展样板区。

科创中心占地近5平方公里，沿湖、沿森林公园展开布局，地处创新区最好的位置，拥有最美的风景。紫琅科技城占地面积20万平方米，建筑面积60万平方米，由新加坡裕廊公司规划设计，致力于打造智慧、绿色、人文科创社区，已于2020年7月16日正式开园，目前已有20多家企业入驻，腾讯双创社区、中电智慧医疗等45家企业也将陆续入驻，入驻人数突破5000人。

金融商务中心位于紫琅湖东侧、朝阳路北侧，占地面积约28万平方米，总建筑面积约74万平方米，其中启动区可建建筑面积约15万平方米，已开工建设招银大厦、基金大厦等4栋大楼。

企业总部中心位于通沪大道北侧、中央森林公园东侧，总建筑面积约70万平方米，基于发展总部经济的高端办公楼群的业态需求，结合一、二线城市CBD的业态布局，整体定位中高端商业综合体，重点瞄准大企业功能型总部和区域总部、跨国公司功能型总部、投资性公司、独角兽企业、成长型公司等，打造总部经济的聚集区。

作为南通城市新中心，创新区不仅是城市空间结构的核心区域，更是集聚城市未来科技、文化、教育、医疗、会展、商业、居住等功能，具有强大辐射带动作用的“创新高地、人才高地、产业高地、发展高地”。

如何实现创新区文创功能？将重点建设南通大剧院、南通美术馆和文创产业园区，打造南通时尚文化消费新天地和南通滨水文化旅游新景点。

如何实现创新区会展功能？将打造国际会议中心、展览中心和五星级酒店三件套。目前，南通国际会议中心已经成功举办了数百场各类会展，承办了国家级森林旅游节，充分发挥了区域经济发展加速器和助推器的作用。

如何实现创新区医学功能？立足南通，放眼长三角，建设 2 家三级甲等综合医院、1 家医技共享中心和若干家特色专科医院。西区的三级甲等综合医院建成后将由南通第一人民医院和上海仁济医院合作运营。东区正在建设的南通大学附属医院新院区（南通医学中心），目标打造国内一流的智慧医院本土范式，与上海接轨提供高水平医疗健康服务。

如何实现创新区商业功能？在紫琅湖的东侧布局了商业集聚区，由国际知名企业金鹰打造大型商业综合体，建设 240 米和 200 米的超高层建筑，打造城市核心新地标，为创新区未来的商业发展赋能、注入强劲动力。在崇州大道东、朝阳路北、紫琅湖西还布局了建筑总面积约 4.26 万平方米的紫琅新天地主题公园商业街区，提供多元化体验式商业服务。

如何实现创新区教育功能？充分发挥南通教育优势，整合优质教育资源，办好基础教育，拓展国际办学，为创新区人才子女入学提供一流的教育服务。区内紫琅一小、通中附校开办 1 年以来好评如潮。创新区还将在东拓区打造高教园区，引入一流水准的高校资源。

如何实现创新区生活功能？沿森林公园景观轴布置了 14 公里的

绿步道，环湖布局了30个左右网球、羽毛球、足球等运动片场和南北两座全民健身中心。创新区还规划了邻里中心，打造集商业、文化、体育、卫生、教育等功能于一体的社区商业中心，整合派出所、社区商业、文化活动、体育运动、卫生服务、居家养老服务等功能，为居民提供生活、便民、休闲、健身等配套服务。

（三）创新策源地、城市新中心赋能新未来

2019年11月7日，南通市政府与北京大学签署合作协议，北京大学长三角光电科学研究院正式落户美丽的紫琅湖畔南通中央创新区。未名湖牵手紫琅湖，将显著提升南通中央创新区集聚创新资源的影响力，显著提升南通新一代信息技术产业的竞争力，显著提升科技创新对南通高质量发展的支撑力。

北大长三角光电科学研究院作为顶级科研机构，从洽谈到落户南通，经历了一个双方按照科研项目内在要求不断科学、审慎论证的过程。北大专家团队曾5次来到南通考察，他们先是被紫琅湖优美的创新环境所深深吸引，而后是南通的创新理念、务实措施和严谨态度让他们看到了诚意，增强了合作信心。然而，最让专家团队看中并具有决定性的因素，则是南通按照科创和人才发展规律办事，从促进研究院自我发展、自我造血、自我完善，到引才政策、资金配套、科研用房、申请项目、争取外部资源等，基础性、服务性工作十分到位，创造性地提供了高校与地方合作的“3.0”版，北大长三角光电科学研究院及其顶尖人才团队，也成为紫琅湖畔最美丽的风景线。

一流的创新生态为发展提速。围绕创新创业需求，创新区出台了

南通国际会展中心夜景

鼓励和支持企业研发机构、新型研发机构、创新型科技企业、软件研发和信息技术类服务外包企业等创新发展的一系列政策。设立100亿元科创基金，规划建设100万平方米人才公寓，进一步集聚创新资源，建好南通转型升级和创新发展的新载体。围绕“1+3+N”大力吸引科创型企业、创新型人才等落户，构建具有南通特色的创新创业生态系统。“1”即“1个方向”：瞄准研发产业做好科研链接市场，对接南通传统优势产业和硬核科技企业，推动科技成果产业化，贯通产业链、创新链、价值链、资金链。“3”即“3个门类”：初步明确智慧建筑、高端纺织、新一代信息技术等3个主导产业，努力为区域经济高质量发展储能蓄势。

完善的政策体系，为发展提供源源动力。围绕市委、市政府对创新区的新定位，创新区在广泛学习借鉴外地政策、赴长三角多个城市实地调研并征求相关职能部门意见的基础上，形成了《鼓励总部企业发展的若干政策规定》和《鼓励金融业集聚发展的若干政策》，这两个政策较苏南、上海、深圳等地具有明显优势，为企业家提供一流政策优惠服务。如：对集团唯一综合型总部，给予实收注册资本4%的落户补助，最高可达1亿元人民币；对于区域性综合型总部，给予实收注册资本3.5%的落户补助；对于功能型总部和投资性公司，给予2%的落户补助；对跨国公司地区总部和跨国公司功能性机构，在省财政给予最高600万元和200万元的一次性开办补助的基础上，再给予1:1.5的配套支持。另外，政策对企业业务用房、项目用地、企业经营等方面也将给予“真金白银”的支持。

完善的服务保障，为发展免除后顾之忧。创新区为项目落地提供一条龙服务，行政审批局、政务服务中心在创新区设立一站式服务窗口，提供工商注册、入驻运行、物业管理、政策兑现等“7×24”全程服务。创新区坚持“审批速度永远比别人更快捷一点、办事流程永远比别人更方便一点、政策措施永远比别人更优惠一点”，全力打造“最舒心、最放心、最省心”的营商环境。

上海电气中央研究院作为创新区第一个总部型项目，创新区采用全过程项目帮办、代建，保障了审批效率、建设进度。上海电气区域总部项目在1年不到的时间内就实现了主体结构封顶，充分体现了创新区速度、创新区效率。此外，创新区从安家、子女托教、配偶就业、医疗健康等方面为企业人才提供贴心服务，统筹解决企业人才关心的一揽子公共服务问题，做到幼有所教、老有所乐、病有所医，让人才安心服务企业、扎根创新区。

承载着全市人民的期待，创新区坚持高起点规划、高标准建设、高效率推进，“三年见雏形”目标基本实现。截至2020年7月，上海电气区域总部主体结构已封顶，中天科技、通富微电、罗莱生活、一德控股、韩通新能源等本土企业相继达成设立总部意向，北京大学长三角光电科学研究院、中科院微系统所、技术物理所等“国字号”大院大所，以及京东集团等一批科技领军团队相继签约入驻，不断营造城市功能的强磁场、打造科技创新的主引擎、成为融入苏南对接上海的引领区。正如紫琅湖三个字代表的“紫气东来”“琅嬛福地”“‘湖’纳百川”，生动诠释了创新区的发展机遇、生态环境和配套服务。

瑞气升腾的紫琅湖畔，正创造精彩未来。

第五章

辉煌南通，数风流人物

一、人文荟萃 名贤辈出

南通是中国历史文化名城，它不仅拥有古老的文化遗存，而且在中国文化、科学和教育史上占有独特的地位。纵观历史，南通人文荟萃，名贤辈出。

早在东汉末年，效力于吴国的吕岱便是南通人。吕岱本为郡县吏，因避乱而南渡，受孙权赏识。延康元年（220 年），吕岱代步骘出任交州刺史，平定桂阳、浈阳间的王金叛乱，升任安南将军、假节，封爵都乡侯。黄武五年（226 年），平定士徽叛乱，控制岭南，晋封为番禺侯。任交州刺史时，吕岱多次派官员“南宣国化”，出使“西南大海洲上”（今南洋群岛）以及今东南亚一带众多国家，使扶南、林邑、堂明等国纷纷遣使至吴朝贡。赤乌二年（239 年），接替潘濬处理荆州文书公务，与陆逊同在武昌，督管蒲圻。陆逊去世后，武昌分为二部，吕岱督领右部，升任大将军。废帝孙亮登基后，吕岱升任大司马。吕岱一生勠力奉公，为孙吴开疆拓土，功勋赫赫。

北宋时期的理学先驱、思想家和教育家胡瑗也出生于南通。他自幼聪颖好学，7 岁善属文，13 岁通五经，被左右乡邻视为奇才。胡瑗读书勤奋，好学上进，且志向远大，常以圣贤自任，但因家境衰微，早年并未受过良好教育，直至20岁时才得以与孙复、石介等人到山东泰山栖真观求学深造。此间心志远大，十年不归，潜心研习圣贤经典。他为了不让心志受到干扰，每当拆开家书，见有“平安”二字即投入山涧不再展读。在此期间，他“食不甘味，宿不安枕”，刻苦钻研学问，为以后从事教育打下坚实基础。40岁时胡瑗办起了一所书院（私塾），并以祖籍安定立名，称安定书院。

在南通，还有一位充满着浪漫色彩的名人大家，他就是冒襄。冒襄字辟疆，号巢民，是明末清初的文学家。他出生在如皋城一个世代仕宦之家，幼年随祖父在任所读书，14岁就刊刻诗集《香俪园偶存》，文苑巨擘董其昌把他比作初唐的王勃，期望他“点缀盛明一代诗文之景运”。冒襄一生著述颇丰，传世的有《先世前征录》《朴巢诗文集》《岕茶汇抄》《水绘园诗文集》《影梅庵忆语》《寒碧孤吟》和《六十年师友诗文同人集》等。其中《影梅庵忆语》洋洋四千言，回忆了他和董小宛缠绵悱恻的爱情生活，是中国忆语体文字的鼻祖。

冒辟疆雕像

如论南通的人文精华所在，首推寺街街区。“扬州八怪”之一李方膺的画室梅花楼就在寺街29—30号。李方膺是中国清代诗画家，通州人。他出身官宦之家，曾任乐安县令、兰山县令、潜山县令等职，为官时“有惠政，人德之”，去官后寓南京借园，自号“借园主人”，常往来扬州卖画。与李鳝、金农、郑燮等往来，工诗文书画，擅梅、兰、竹、菊、松、鱼等，注重师法传统和师法造化，能自成一格，其画笔法苍劲老厚，剪裁简洁，不拘形似，活泼生动。

近代，南通以中国人自办的第一所师范学校、博物苑、纺织学校、刺绣学校、戏剧学校、盲哑学校和农业气象站等“七个第一”，为中国文化科教史写下了光辉一页。

说起近代南通，第一个绕不开的人就是张謇。张謇生于江苏省海门市长乐镇（今海门区常乐镇），清末状元，中国近代实业家、政治家、教育家，是中国棉纺织领域早期的开拓者，上海海洋大学创始人。他创办了中国第一所纺织专业学校，开中国纺织高等教育之先河。他建立了首家棉纺织原料供应基地，进行棉花改良和推广种植工作，以家乡为基地，努力进行发展近代纺织工业的实践。张謇主张“实业救国”，

张謇

一生创办了20多家企业、370多所学校，为中国近代民族工业的兴起、教育事业的发展做出了宝贵贡献。

其时，与张謇志同道合的南通名人还有韩紫石。韩紫石为海安人，今海安市（原紫石县）的奠基者。因其排行第三，生平业绩颇丰，家乡群众均以“韩三爹”“紫石”称之，表示尊敬。在北洋军阀时期，他与张謇同被誉为苏北的两大名贤。历任江苏省民政长、安徽巡按使、江苏省省长、全国水利委员会副会长、全国黄灾救济委员会主任委员等职。莅任期间，改良农工，崇尚实业，兴利导淮，关心民瘼，明足以察闾阎之苦，力足以遏奸宄之萌，言足以重官府之信。其一生德政贤明，广为推恩。在抗日战争时期，韩紫石主张爱国、救亡、联共、反蒋，终于成为著名的爱国士绅。

风云激荡的年代总是人才辈出。1897年，易作霖出生于江苏南通一个书香门第。他从小天资聪颖，熟读经书，精于国学，为通州师范学校（今南通师范学校）第十一届毕业生。先后担任通州师范附属小学校长、盐城中学校长、南通县视学、江苏省督学、江苏省政府秘书等职。易作霖年轻时即投身国语统一运动和新文化运动，在教育界积极从事标准国语和注音字母传习工作，对国语文法和语音也有深入研究。学术方法以融汇古今、贯通中西见长，并且敏于观察、工于分析，根据研究对象实际情形精确运用学理原则，迭有创见发明。1920年发表专著《国音学讲义》，经教育部审定为全国各学校教授国音参考用书。其中“单韵构成图”与“复韵构成图”为国音研究之，可以媲美3年前英国语音学家丹尼尔·琼斯发明的基本元音图。1921年发表论文《五声论》，“按照五线谱的方位”用曲线描写国语字词声调调型的方法，可看作1930年赵元任发明“声调字母” 之前驱，至今仍在语音学界广泛运用。1924年发表专著《国语文法四讲》，在短语的分类与描写、相关结构的运用与辨异、包孕句的归类与分析等方面均优于同时代类似著作。书中频繁运用的语义特征、语义指向、句型转换等分析方法多年以后才在国内外语法学界逐步流行。易作霖以学术研究的成就赢得学界尊重，成为与黎锦熙、赵元任、林语堂等人齐名的中国语言学家。

当代表演艺术家赵丹、国画大师王个簃、蛇药专家季德胜，以及数学家杨乐等49位两院院士也出自南通。

漫步于南通实验中学，中国著名表演艺术家赵丹的雕像、事迹随处可见。当年，就是在这所学校，赵丹开启了他的演艺人生。赵丹原名赵凤翱，1916年1岁时迁居南通。在南通实验中学开办“小小剧社”，后因参加左翼戏剧运动，取艺名“丹”。1932年，赵丹在《琵琶春怨》中饰一纨绔子弟，首登影坛。其后相继拍摄了《上海二十四小时》《热血忠魂》等20余部影片，表演才华渐渐显露。1935年参加上海业余剧人协会，演出《玩偶之家》《雷雨》等世界名剧。1936年至1937年，因主演《十字街头》和《马路天使》两部优秀影片，蜚声影坛。中华人民共和国成立后，赵丹先后主演《李时珍》《海魂》《林则徐》《聂耳》等影片，并自编、自导、自演了《青山恋》。历任全国人民代表大会一、二、三届代表，全国政协委员，中

赵丹

国影协、剧协常务理事，上海影协副主席等职。“四人帮”粉碎后，赵丹致力于表演艺术教学，著有《银幕形象塑造》和《地狱之门》。

5.1亿港元！他是从南通走出去的艺术大师，他的作品曾创下香港拍卖史最高纪录。他就是画家赵无极。赵无极出身书画世家，赵氏族谱可追溯至宋朝皇族。据说，赵家每年祭奠先祖冥诞之日，都会摆出传家宝——赵孟頫和米芾的两幅画。赵无极的祖父是典型中国雅士，也是他的启蒙老师。为了激发赵无极的学习兴趣，祖父不厌其烦地把家里每件物品都写上名称，小无极沉醉于书香的世界，背诵唐诗、宋词和《论语》也是每天的必修课。“我一向推崇诗词和绘画中的虚静，中国传统诗歌就注重静默。”幼学如漆，为赵无极点燃了审美的火种。

赵无极

1935年，赵无极进入杭州艺术专科学校，师从林风眠。1948年赴法国留学，并定居法国。在绘画创作上，以西方现代绘画的形式和油画的色彩技巧，参与中国传统文化艺术的意蕴，创造了色彩变幻、笔触有力、富有韵律感和光感的新的绘画空间，被称为“西方现代抒情抽象派的代表”，后成为法兰西画廊终身画家、巴黎国立装饰艺术高等学校教授，获法国骑士勋章，曾在世界各地举办160余次个人画展。赵无极一生笔耕不辍，

90 多岁的高龄仍然孜孜不倦地创作，他曾说："我不怕老去，也不怕死亡，只要我还能拿画笔、涂颜料，我就一无所惧，我只希望能有足够的时间完成手上的画，要比上一幅更大胆、更自由。"

在遥远的太空，有一颗国际编号为 199953 号的小行星——"闵乃本星"，这是对中国科学院院士、晶体物理学家闵乃本卓越成就的褒奖。这位蜚声海内外的晶体物理学家出生于如皋，13 岁在唐闸求学。在校期间，闵乃本热爱实验，立志要做科学奥秘的探索者。从南大毕业后，闵乃本将研究重心放在晶体生长领域，写成了全球第一本论述晶体生长的理论专著《晶体生长的物理基础》。

李昌钰

作为全美第一位出任州级警界最高职位的华裔探长——李昌钰，被誉为"当代福尔摩斯""物证鉴识大师""科学神探"与"犯罪克星"。李昌钰智力过人，思路敏捷，精力充沛，风趣幽默。在他身上，有太多看似不可能破解的案件在其敏锐的洞察下成为可能。他参与侦破 8000 多件国际重大刑事案件，包括肯尼迪总统谋杀案、辛普森杀妻案等举世瞩目的大案。他侦办过的许多刑案，已成为国际法庭科学界与警界的教学范例。截至目前，李昌钰已获 800 多个荣誉奖项，是一位从南通走向全球的传奇人物。

南通，一片钟灵毓秀的江海宝地。这里，有以诗文传世十三代的画家范曾范氏家族，有钱氏教育世家、“一门两进士”袁氏古宅、御医林氏中医世家；这里，养育出了明代功勋盖世的顾养谦、清代乾隆时期的状元胡长龄、“扬州八怪”之一的李方膺、铮铮铁骨江上青、“中国保尔”徐惊百、民主斗士钱素凡、画家袁运甫袁运生、中医大家朱良春、儿童教育家李吉林……万里长江与滔滔黄海的深情交汇，孕育了一座充满生机的城市。

文化在这里包容汇通，时代在这里飞速发展。辉煌南通，未来可期！

二、南通:“体育之乡”“世界冠军的摇篮”

体育是南通一张亮丽的城市名片，享有“体育之乡”“世界冠军摇篮”的美誉。南通体育的辉煌，始于百余年前形成的一方水土的体育自觉，归功于高质量的业余体育训练体系，南通深厚的体育底蕴，让江海大地诞生了国内最早的农民运动会，涌现了张洁云、吴健秋等江苏最早一批的世界冠军，创造了近七届奥运会“届届夺金牌”的国内奇观……

南通位于长江入海口北岸，依江傍海，人杰地灵。1913 年，先贤张謇在这里兴建了中国早期体育场之一的南通第一公共体育场。可以说，正是这种源于张謇时代的文化自觉，奠定了南通厚重的体育底蕴。

中华人民共和国成立后，党和政府把体育工作放在重要的位置上，进一步促进了体育事业的发展。20 世纪五六十年代，南通涌现出顾克炎、沈昌杰等国手，他们在全运会等比赛中屡获佳绩。由于历史的原因，当时的中国选手无法参加奥运会等国际顶尖大赛，这成为国手们永远无法弥补的遗憾。

厚积薄发，南通体育健儿终于迎来了在世界大赛中的重大突破：1981 年 11 月 16 日，张洁云和她的 11 名队友以 7 战全胜的战绩登上第 3 届世界杯女排赛冠军领奖台，成为南通第一个世界冠军。1981 年至 1986 年，来自南通的张洁云、吴健秋、殷勤、赵剑华先后摘取世界冠军殊荣。

老一辈中国排球世界冠军

20 世纪 80 年代初，国家经济和社会事业的发展回到正轨，南通“崇文”风气逐渐兴起，学校对学生、家长对孩子的学习抓得比以前紧了。对体育老师来说，学校不能让体校学员提前放学是一件苦恼事，因为业余训练每天必须有一定的训练时间作保证，“学”与“训”的矛盾就这样造成了。经过反复研究对策，南通找到了一个突破口：体教部门联合建立一种奖励机制，以此提高业余训练的吸引力。具体做法是，由教育部门选几所距离业余体校较近的学校，吸收那些有培养前途的小运动员就读。

此后，南通的“体教结合”向更多渠道拓展：1986 年，实行上课、训练、食宿“三集中”的南通市体育运动学校建立；1987 年，通师一附、城中小学等 10 多家中小学成为省首批体育传统项目学校。其后几年，市体育运动学校与南通中学、南通市第一中学共办排球、足球

获得 13 次世界冠军的中国羽毛球运动员葛菲

等市队……南通是国内最早探索“体教结合”的城市之一。多种“体教结合”形式的探索，为南通向省级培养、输送优秀苗子创造了必要条件，形成了“选材一体化，育材一条龙”。体教结合的成功探索，为南通体育事业二次腾飞插上有力的翅膀：1990 年亚运会，周玲美打破女子场地自行车 1000 米计时赛世界纪录；1992 年奥运会，林莉勇夺女子 200 米个人混合泳金牌；1995 年苏迪曼杯世界羽毛球混合团体锦标赛，葛菲和队友们勇夺奖杯……南通体育也因此成为中国体坛一颗耀眼的“明珠”。

1995 年 9 月，时任国家体委主任伍绍祖来南通视察体育工作，欣然题词“扎实打好基础，世界冠军摇篮”。“世界冠军摇篮”的城市名片由此叫响。

1981 年以来，南通先后涌现出 20 名世界冠军，他们来自排球、羽毛球、游泳、乒乓球、体操、技巧、跳水、击剑、沙滩排球等多个项目。这些金牌项目中，羽毛球、击剑、排球（含沙滩排球）堪称南通体育三大王牌项目。毫不夸张地说，南通体育持续辉煌近 40 年，“羽剑排”三项目功劳最大，堪称支撑“世界冠军摇篮”的三块基石。

早在 20 世纪 70 年代，中国羽毛球队就出现了南通面孔，当时来自通州的赵新华凭借全面细腻的打法，成为中国羽坛的一员虎将；进入80年代，南通羽毛球先后涌现出吴健秋、赵剑华两名世界冠军，同期杨千里等优秀运动员也敲开了国家队大门；1995年，中国羽毛球队在第4届苏迪曼杯赛上演以弱胜强的好戏，吹起二次腾飞的号角，那批新国手中就有南通姑娘葛菲。引以为豪的是，葛菲和无锡籍运动员顾俊，在长达六七年时间内被公认为“世界第一女双”，1996年至2000年夺得过奥运冠军、世锦赛、世界杯女双冠军各两次，同时兼项混双的葛菲，还被国际羽坛权威人士誉为“十年难遇的双打天才”。进入新世纪，赵婷婷、马晋、成淑、石宇奇先后荣膺世界冠军。迄今为止，南通羽坛先后有7人获得过奥运冠军、世界冠军，成为南通

中国羽毛球世界冠军赵剑华

中国击剑奥运会冠军仲满

体坛世界冠军第一大户。如今，石宇奇羽翼渐丰，今后几年有望书写南通羽毛球新的神话。

在相当长的一段时间，击剑和羽毛球一直是南通体育的“双子星座”，近 30 多年在亚运会或全运会届届夺金。“有个数据不难掂量出南通击剑的辉煌，近 30 多年来先后有 20 多名南通籍选手跨进国家队大门，有一年南通同时有 5 名运动员入选世锦赛。”说起南通击剑的辉煌，南通市著名教练、国际裁判黄保华如数家珍：仲满是中国第一个夺得奥运会冠军的男运动员，沈巍巍、包盈盈分别是国内第一批夺得女子重剑、女子佩剑世界前三名的运动员，姚勇、茅玮勋、贾桂华等曾担任国家队教练……

多年来，南通排球为中国排球队、中国沙滩排球队贡献了 10 多名国手，从 20 世纪 70 年代的傅渔庭、张洁云、李连邦，80 年代的殷勤，90 年代的茅菊兰、邱爱华，到新世纪国手施海荣、张晓东、张希、吴鹏根、陈展，如今国家队有吴佳欣、孙燕等通籍运动员。数代排坛明星，串起南通排球的数十年辉煌之路，前中国男排主教练、江苏籍名宿邹志华这样概括南通排球的地位：“江苏排球是中国排球的重要力量之一，南通排球是江苏排球的重要力量之一。”

世界沙滩排球巡回赛亚军吴鹏根

中国女子跳水世界冠军、奥运冠军陈若琳（右侧）

南通籍运动员获得的100次世界冠军中，不少创造了“世界之最”“全国之最”，如：陈若琳是国际跳水界第一个女子跳台大满贯得主，赵婷婷、成淑、马晋在2009年世界羽毛球锦标赛女子双打比赛分别获得冠军、亚军、季军，林莉是第一个在奥运赛场打破世界纪录的中国选手，葛菲是中国第一个羽毛球奥运会冠军……

2008年北京奥运会，中国竞技体育登上前所未有的高度：中国代表团以51枚金牌战绩首次位居奥运会金牌榜榜首。让南通人引以为豪的是，就在北京奥运大战中，家乡健儿取得超越历史的成绩，黄旭、陈若琳、仲满3人4夺金牌，包盈盈、张希各获银牌、铜牌。南通奥运国手的突出表现，引起国内外诸多媒体关注，纷纷派出记者来通，探寻南通体育持续辉煌的真谛。

中国体操奥运会冠军黄旭

中国女子沙滩排球世界冠军张希

中国羽毛球世界冠军石宇奇

北京奥运会后，南通体育健儿依然以强劲的势头征战世界赛场，不断续写“世界冠军摇篮”新的辉煌。2016 年里约奥运会，陈若琳在女子跳台双人跳项目实现三连冠，南通体育因此创造了近 7 届奥运会“届届夺金牌”的神话，是国内唯一实现这一壮举的地级市。近两年，石宇奇、孙炜等新秀脱颖而出，成为“世界冠军摇篮”继续攀登体育巅峰的新生力量。

曾来南通视察的国家体育总局前掌门人刘鹏，对南通体育给予高度评价。他认为，南通体育持续辉煌，得益于卓有成效的体教结合和合理的业余训练体系。南通的业余体校重视选材工作，基本功抓得扎实，在业余训练的项目设置上紧跟中国体育、江苏体育的优势项目，从而形成了可持续发展的业余训练体系。

（一）更快——全民健身驶入发展快车道

沪苏通长江公铁大桥通车，让南通迎来了前所未有的历史发展机遇，为全面融入苏南、接轨上海奠定了坚实基础。新的历史条件，新的发展机遇，南通体育人怀揣着新的梦想，肩负起新的使命，努力在推进体育强市和“健康南通”建设的道路上迸发新的生机和活力。

“一桥飞架南北，天堑变通途。”沪苏通长江公铁大桥的通车，又一次缩短了南通与上海、苏南的时空距离，更加便捷的交通条件，为南通实现二次腾飞创造了良好的条件。

“体育之乡”，南通的这张城市名片，来源于江海大地深厚的群众体育基础。近些年，南通全民健身事业不断刷新制高点。2019 年南通新增马术、马拉松、电子竞技、跳绳、轮滑、飞镖等 6 个市级单项体育协会和市骑乐无穷自行车俱乐部，创下单年协会俱乐部发展数之最，市级协会总数达到 52 家、俱乐部达到 22 家，全市体育类社会组织达 245 家。不断壮大的体育社团队伍，正是南通红红火火全民健身运动的一个缩影。52 家市级协会中，既有三大球、田径、游泳、棋类等传统项目，也有电子竞技、轮滑、登山等时尚类项目，体育社团大家庭不断扩容，更好适应了南通大众健身者的不同需求。

这些年，体育部门大力开展全民健身活动，以 2019 年为例：全年相继组织开展“红红火火过大年”系列活动、江苏省“长江经济带”全民健身大联动活动、全国“全民健身日”“8·12 南通体育日”系列活动和江苏省老年人体育节活动等；县（市、区）全民健身活动蔚然成风，全市累计参与活动人数超过 30 万人。

一分耕耘、一分收获。2017 年夏末秋初，第十三届全国运动会在天津召开之际，南通市体育局被国家体育总局表彰为 2014—2017 年度全国群众体育先进单位。新的荣誉，展示了“体育之乡”的新成果；新的成绩，预示着“体育之乡”新发展快车道已经铺就。

新时代南通体育发展之路怎么走？南通市体育局局长杨建作出这样的承诺：要始终坚持以人民为中心，聚焦人民群众对美好生活的新期待。

我们相信：体育之乡，看点会更多！

（二）更高——体坛国手敢于挑战高难度

南通是闻名国内的“世界冠军摇篮”。1981 年以来，南通市先后涌现出 21 位世界冠军（其中 7 位为奥运冠军），家乡体育健儿先后 101 次登上奥运会、世界锦标赛和世界杯冠军领奖台，成为省内第一个夺得世界冠军次数超百位数的区市。“世界冠军摇篮”还有一个更耀眼的皇冠：1992 年以来举行的 8 届奥运会，南通籍健儿届届摘取金牌，创造了国内地级市前所未有的奇迹。

目标定得高一点，才会有前进的动力。2019 年在山西举行的第二届全国青年运动会，南通市积极组织相关体校、俱乐部近 200 名运动员，分别参加了体校组 5 个项目、社会俱乐部组 2 个项目的比赛，并有多名运动员代表省内其他城市参赛，全国青年运动会赛场南通籍运动员共斩获 22 金 10 银 8 铜，一举创造历届青运会最好成绩。

在竞技体育的最高层面，南通籍体坛国手继续朝着更高目标努力攀登，2017 年至 2019 年，“世界冠军摇篮”喜添石宇奇、孙炜、丁倚亮 3 位世界冠军。这期间，石宇奇先后获得 2018 年汤姆斯杯世界羽毛球男子团体锦标赛冠军、2019 年苏迪曼杯世界羽毛球混合团体锦标赛冠军；孙炜在 2018 年世界体操锦标赛夺取男子团体冠军；2019 年世界射箭锦标赛，丁倚亮和队友联袂射落男子反曲弓团体金牌。

近三个赛季，3 位南通籍新秀勇摘 4 枚沉甸甸的世界大赛金牌，为南通体育跃上 2020 东京奥运会最高领奖台奠定了实力基础和坚实信心。新的发展机遇下，“世界冠军摇篮”必将迸发出更大的能量。

我们相信：冠军摇篮，后面更精彩！

（三）更强——补强赛事释放南通新活力

“体育之乡”“世界冠军摇篮”，两顶耀眼的皇冠，没有让南通体育人沾沾自喜，在南通面临多重战略机遇叠加的黄金发展期之时，南通体育人敢于自我加压，向着更远的目标，探索、前行。

近几年的端午节，南通市区濠河周边总会呈现这样火热的场面：濠河水面，鼓鸣桨起，你追我赶；濠河两岸，人头攒动，热闹非凡……吸引万余名南通市民现场观看的，是每年一度的濠河国际龙舟邀请赛。2014 年至 2019 年，南通每年在端午节举办濠河龙舟邀请赛，2016 年起赛事发展为国际级比赛，吸引了各大洲龙舟爱好者泛舟濠河，打造了具有南通地方特色的国际体育赛事。

这些年，南通积极承办高水平国际国内赛事，将环太湖国际公路自行车赛、中国沙滩排球大满贯暨“一带一路”世界沙滩排球巡回赛、全国足球甲级联赛等高水平国内外赛事一一请进家门，还打造了濠河国际龙舟邀请赛、2019 中国森林旅游节南通国际马拉松比赛等具有鲜明地方元素的特色赛事，一系列精品赛事落户南通，成为南通百姓不可或缺的体育节日，更好地满足了市民对美好生活的追求。

“国运兴则体运兴”，这一放之四海而皆准的名句，也是南通迎接二次腾飞的一个写照。今日南通，不再难通；今日南通，通向八方。

三、南通，与你的每一次相遇都是久别重逢
——美景篇

南通，一座坐落在长江入海口的美丽城市，它有着江南水乡的清新秀丽，也有历史古城的厚重古朴。触目所及，碧树葱茏，芳草茵茵，宛若置身人间仙境。

美丽的濠河

（一）南通濠河风景名胜区为国家 5A 级旅游景区

濠河原为古护城河，史载后周显德五年筑城即有河。现周长 10 公里，水面 0.72 平方公里，水面最宽处 215 米，最窄处仅 10 米，是中国保留最为完整且位居城市中心的古护城河。距今有千余年的历史，是中国仅存的四条古护城河之一。

濠河环绕南通老城区，形如葫芦，宛如珠链，被誉为南通城的“翡翠项链”。濠河水清如镜，自然风光优美，拥有江鸥、野鸭、鱼鹰等自然生态群落。濠河两岸有光孝塔、天宁寺、北极阁、文峰塔、南通博物苑、五公园等名胜古迹，有张謇、李方膺、赵丹等名人故居，还有濠东绿苑、濠西书苑、环西文化广场、文化宫、文峰公园、映红楼、体育公园等新兴的文化娱乐场所和旅游景点，以及 28 座桥和各种名木古树。清澈洁净的濠河与亭、台、楼、阁、塔、榭、坊等交相辉映，人文景观与自然风光融为一体，千百年积累的历史遗迹、园林艺术、

乡俗风情奠定了濠河古朴凝重的文化底蕴，而现代城市的崛起，又赋予它朝气蓬勃的时代风采。

南通濠河风景名胜区，1993 年由江苏省人民政府批准为省级风景名胜区，1995 年由江苏省人民政府颁布为江苏省首批历史文化保护区，1998 年名列江苏省首批文明风景名胜区之一。濠河风景区以其健康、优美、舒适、和谐的生态环境荣获江苏省人民政府授予的江苏省人居环境奖。

（二）狼山风景名胜区

狼山风景名胜区是江苏省著名的六大风景区之一，位于南通城南 6 公里处的长江北岸，由军山、剑山、狼山、马鞍山、黄泥山等五座小山组成。五山自东至西滨江而立，逶迤 4.5 公里，面积 11.27 平方公里。在辽阔的江海平原上，五山拔地而起，雄峙江边，山姿秀丽，山前滔滔大江东去，山后平畴千里，山光水色，明朗自然，是苏北平原上的瑰宝。

狼山海拔 107 米，面积 0.18 平方公里。因其形状似狼而得名，又传山上曾有白狼出没，故又名白狼山。狼山之东的剑山山脊突出如刃，山麓倾斜有致，犹如一柄卧置的长剑，故名剑山，现供奉文殊菩萨。军山传说是秦始皇当年屯兵之处，故名军山，山上普陀别院供奉世界最大的翡翠观音坐像。狼山之西的马鞍山和黄泥山，则分别是依照山的形状和颜色而命名的。

五山风光独特，人文古迹众多。现存的宇、塔、台、门等古建筑有 43 处，题名石刻 23 处，名墓 8 处，洞穴 13 处，泉井塘洞等 7 处，古道古街各 1 条，古树名木 300 多株。五山中，狼山最为挺拔峻秀，被称为中国佛教八小名山之一。自唐总章年间兴建寺庙禅院以来，经历历代陆续建缮，形成了依山上下的寺庙园林群落。山坡上下、浮青叠翠之间，点缀着法乳堂、葵竹山房、碧云半天阁、萃景楼、大观台、魁星楼、支云塔等几十处名胜古迹和美丽的风景建筑群。

（三）启东黄金海滩

启东黄金海滩是国家 3A 级旅游景区。黄金海滩位于黄海湿地省级自然保护区北部，地处世界罕见的黄海大滩的南部，启东市寅阳镇东部，是最早看日出的地方，区位优势明显，交通便捷，广袤的生态滩涂，不仅蕴藏丰富的资源，而且环境特别幽美，优质的沙滩，丰富的水草，清碧的池塘，鸥鸟翔集，蓝天、白云、大海，使这里成为极具发展潜力和开发价值的海滩风景区。

夕阳下的黄金海滩

黄金海滩东西宽约850米，南北长约1800米，占地总面积约1.43平方公里，这里以黄金海滩和生态湿地风光为依托，以万亩鱼塘养殖和铁板沙资源为基础，开展看海、听海、吃海的原生态旅游项目。

滚滚长江东逝水，浪花退却是沙洲。长江上游带来的泥沙在入海口一带逐渐沉积，形成了大片的沙洲和滩涂。这片南黄海滩涂号称“东方第一”，大片沙洲茫无涯际、伸向天边，潮来烟波浩渺、潮退沃野万顷，蕴藏了丰富的贝类、虾蟹资源，盛产文蛤、西施舌、蛤蜊、毛蚶、沙参、泥螺和对虾、梭子蟹等名贵海鲜。游人可以坐着牛车，欣赏海滩风光；可在这三水交汇的海滨赶拾海贝；也可在海边钓螃蜞、拾泥螺、挖海参、摘紫菜，优美的动作犹如“海上迪斯科”，尽享亲近大海的乐趣；也可以在海边的平台上，体会海钓的情趣；亦可尽情冲浪击水，进行沙滩排球、沙滩足球、沙滩摩托等活动；或者利用这里成片的水面，乘坐游艇或木船，遨游在大海之旁。玩累了搭上帐篷，支起锅灶，来个野炊烧烤，大快朵颐之后枕着阵阵涛声入眠。

（四）海门张謇纪念馆

张謇纪念馆为国家3A级旅游景区，位于海门区常乐镇状元街东首，是一所灵秀的江南园林式建筑。占地面积2.2万平方米，园内建筑古朴凝重、曲径深幽，具有小桥流水的诗意。馆内珍藏的上千件珍贵图片和事物，从各个不同侧面反映了张謇先生艰苦创业、实业救国的一生。

纪念馆附近有许多连带建筑。张謇故居，1987年在祠的旧址上建了“张謇先生史料陈列室”，1996年春，在此修复故居。张謇故居的院中央，可以看到生长 200 多年的银杏树；状元街，即常乐镇古街，位于常乐张謇故居中；大生钟楼，南通第三棉纺织厂的标志，也是三厂镇的标志，为张謇 1914 年所创办。

张謇字季直，号啬庵，1853 年 5 月出生在海门常乐镇，清末状元，实业家、教育家，是中国近代民族工业的开拓者之一，他的“父实业、母教育”的主张和实践具有深刻的历史意义。

张謇一生创办了 20 多个企业、370 多所学校。他为中国近代民族工业的兴起、为教育事业的发展做出了宝贵贡献。毛泽东曾说过：“中国的轻工业不能忘记张謇”。2002 年张謇纪念馆被江苏省委宣传部命名为“省爱国主义教育基地”。

（五）如皋水绘园

水绘园为国家 4A 级旅游景区、全国重点文物保护单位。

水绘园位于南通市如皋古城东北隅，始建于明朝万历年间。原是邑人冒一贯的置业，历四世至冒辟疆时始臻完善。明亡，冒辟疆退隐山林，特邀海内著名的造山师将旧园重整，在园中构筑了“妙隐香林”“悬霤峰”“涩浪坡”“小浯溪”“壹默斋”“枕烟亭”“湘中阁”“寒碧堂”“碧落庐”“镜阁”等 10 余处佳境。清初名士陈维崧在《水绘园记》中写道：“绘者，会也，南北东西皆水绘其中，林峦葩卉坱圠掩映，若绘画然。”这里也是冒辟疆与秦淮佳丽董小宛栖隐过的地方。

水绘园中以洗钵池为中心，池水四方分流，把园分为数块。园以水为贵、倒影为佳，既秀且雅；以园言志、以园为忆，并融诗、文、琴、棋、书、画、博古、曲艺等于一园的特色，是一座饶有书卷气的“文人园”。

远眺水绘园

园内设垣墉，环以碧水，园中凭借水流于地面，自然地形成了一幅幽美的图画。这里有画堤的两岸夹镜，涪溪的窈窕，香林的妙隐，似镜浮的茅亭，洗钵池的空明和屿地的不羁，水中倒映着冬季的“碧落”、早春的“寒碧”、夏日的“悬露”、爽秋的“泼烟玉”，还有迟疑的涩浪坡和恬淡的枕烟亭。再加上水中洲，在其回环的水道上，疏疏落落地建有一堂、一房、一斋、一庐、二阁、三亭，剩下来的就全是水景了，体现了地处长江三角洲水网平原上的造园特色。

水绘园宛若一幅淡雅高洁、意境幽远的山水画，冒董的轶事珍闻、前人的诗赋辞章，使这里的亭台楼阁，花木池石无不具有空灵脱俗的神韵。2001 年如皋水绘园作为明代的古建筑，被国务院列入第五批全国重点文物保护单位。

（六）如东洋口港

东方深水大港洋口港地处长江口北翼，临近南通市如东县海域，是南黄海上一颗璀璨的明珠，一座面向世界的亿吨大港正在崛起，一座国际水准的石化基地正在打造。2008 年 10 月 28 日，洋口港实现通航，南通自此由“江河时代”迈入“江海时代”。

12.6 公里长的跨海大桥——黄海大桥，是中国外海第二大型桥梁，总投资 10 亿元。蜿蜒壮观直通大海深处，游客驾车行驶在大桥上，脚下是无垠大海、浪花朵朵，头顶是蔚蓝天空、海鸥盘旋，感觉在与大海亲近拥抱。

与黄海大桥紧相连的是 3 平方公里的人工岛——阳光岛，总投资 20 亿元，是南黄海第一人工岛。岛上布置有中石油 LNG 接收站，原油、化工、散货、集装箱泊位 37 座。游客登临观景台，可远眺大海，宾馆、饭店、酒吧、茶座、一应俱全，供游人休闲娱乐。阳光岛是现代工业港口，也是理想的休闲港湾。

自驾游基地——洋口港自驾游基地位于洋口港经济开发区内，可停车、搭建帐篷，让游客全身心享受野外风光。

垂钓中心——洋口港海域以及临海淡水水域鱼类资源丰富，这里集海水钓与淡水钓为一体，渔获丰富，是广大垂钓爱好者亲近大自然、享受野钓之趣的首选地之一。

（七）海安江淮文化园

海安江淮文化园为国家 4A 级旅游景区，是由海安市人民政府和海安市苏中植物园开发有限公司共同投资打造的以江淮历史文化为底蕴的人文景观项目。

海安是长江文化和淮河文化相交融的地方，海安青墩遗址的发现，轰动考古界，它把海安的历史向前推移 3000 年，由此，青墩文化被公认为中华文化的重要组成部分——江淮文化的起源。悠久的历史古老的文明，让江淮大地上的海安更具风采，江淮文化园景区也就在海安应运而生。

江淮文化园景区坐落在海安市城区，占地 260 多亩，中国古典园林景观，3 万平方米湖面环绕。整个园区由四大景区组成，即白龙故里景区、先贤景区、凤山书院景区和中国名人艺术馆群景区。白龙故里景区包括数万平方米的白龙湖，数十座亭、台、楼、阁、榭、轩、廊、桥，以及几百种奇花异草、古树、奇石，特别是国家一级珍稀保护树种——

绿荫环绕的江淮文化园

红豆杉，已在景区成功移植成林；先贤景区内恢复了的海安古建筑，为与海安结缘的3位历史贤人文天祥、范仲淹、胡瑗而建，是纪念先贤，启发教育后人，发扬传承中华传统文化的地方；凤山书院景区亦是海安古景观的恢复，是历代先贤大儒、学者敦教化倡文明的重要场所；中国名人艺术馆群景区则由数座古式建筑和11栋欧式建筑结合而成，作为国内外有影响的知名艺术家办培训、搞创作、办展览的基地，已有10多位艺术名家走进了江淮文化园景区，并陆续布展、开馆。目前有6家艺术馆开馆，分别是侯康乙赏石艺术馆、刘万年艺术馆、吴向明国礼艺术馆、胡建雄书法艺术馆、王建梓艺术馆、罗杨书法艺术馆。

江淮文化园景区是旅游、休闲、度假和享受历史文明传承、欣赏现代艺术成果的好地方。

四、南通，与你的每一次相遇都是久别重逢之——美食篇

（一）天下第一鲜“文蛤”

“天下第一鲜”是海滩贝类文蛤的别称，文蛤肉嫩味鲜，是贝类海鲜中的上品。拥有100多公里海滩的南通市如东县，地处长江入海口，浮游生物多，给文蛤生长提供了极好的生长环境，这里以盛产高品质的文蛤而闻名。早在20世纪70年代，如东县的文蛤就出口日本、欧洲，南通文蛤质量佳、产量高，已经成为中国文蛤出口和内销的主要产地。

文蛤被誉为“天下第一鲜”，始于1400多年之前的梁朝。梁元帝萧绎在诗文中称文蛤是“味美盖万食的仙物”，“天下第一鲜”是民间给文蛤取的雅号。文蛤很早就走上了人们的餐桌，但作为美味佳肴大啖之，以北宋为盛。欧阳修第一次品尝车螯（文蛤）之后，写下了《初食车螯》诗篇，他把车螯的来龙去脉娓娓道来，并为之欣然颂咏。美食家梅尧臣收到欧阳修这首诗作后，又写下《永叔请赋车螯一诗》，再次评说车螯的美食价值。梁武帝萧衍所作的《乾闼婆诗》中，把文

南通名菜——文蛤烩竹蛏

蛤比作了"生异气""玄又玄"的仙气灵物。相传当年乾隆帝下江南，当地官员以文蛤侍奉，乾隆品尝后，龙颜大悦，曰：此物鲜极，堪称天下第一鲜也。可想而知，封建帝王吃遍了天下美味佳肴，竟也对文蛤有如此高的评价，足以说明文蛤被冠以"天下第一鲜"当之无愧。

文蛤不但鲜食可口，其加工制品亦不失原始风韵。早在宋朝，人们就采用酒渍的方法保存车螯肉，并贡送到京城之中。此后，人们还使用油渍和干晒的方式加工车螯肉。明末清初陈维崧写有一首《青玉案》词，题曰"咏油车螯"，对这种海产加工品极为称赞。《清稗类钞·饮食类》曾介绍车螯干的烹饪要领，指出："入鸡汤烹之，捶烂做饼，如虾饼样，煎吃，加作料亦佳。"看来，美妙的车螯无论干、鲜、渍、酿，均不失为海中仙品。

文蛤一直是南通百姓的家常菜肴，筵席上的美馔，同时又是调味品。南通厨师善制文蛤佳肴，炒文蛤则是其中之一。炒文蛤，是南通传统名菜，因蛤肉光白如玉，文蛤足扁平如舌状，很像古代兵器中的"月斧"，故又名"炒月斧"。成菜饱满含液，口感滑嫩，鲜冠群菜。看个体似银斧灿灿，看全菜则玉色溶溶，堪为色美、形美、味更美的珍馐。与"天下第一羹""天下第一菜"合称"天下三分"，是淮扬厨师技艺考核的标准菜式。

（二）黄焖狼山鸡

一说起狼山鸡，南通人没有哪个不熟悉。

狼山鸡头昂尾巴翘，鸡冠竖得笔直，羽毛紧密、有光泽，活泼好动，行动灵活。成年公鸡的背上、尾巴上的毛有墨绿色的金属光泽；鸡脚是黑颜色。但它有三块地方是白的：脚底板是白的，皮是白的，鸡油是白的。

狼山鸡家乡的人们不仅会养鸡，更会吃鸡，很讲究狼山鸡的烹调。狼山鸡吃法也很多，有整只吃的，有改切成丁、丝、片、条、块、茸的，有专吃鸡肉或专门吃汤的，还有吃内脏或下脚、骨骼的。根据不同季节和肉质老嫩决定烹调方法，如炒、烧、熘、炸、炖、焖、煨、白卤、红卤、熏烤等等，花色品种有百种之多，用狼山鸡烹制的菜肴，品种千呈，滋味美不胜收。

用狼山鸡制作的名菜很多，当地厨师制作鸡类菜肴的技艺传承有序，积累丰富的经验。尤以黄焖狼山鸡最为著名。此菜系 1912 年由南通长桥“益兴楼菜馆”许宏老师傅创制，以鸡肉酥烂离骨、汤汁鲜味浓郁，皮白有光，汤菜兼优、肥美滋补的特色而享誉 70 余年。南通老一辈已故名厨张子清和刘明余分别制作的“鸡茸美人白菜”和“鸡粥白菜心”，在食客中享有盛誉。中华人民共和国成立后，南通名厨继承了先辈的传统技艺，也创制了一些名菜，如滑炒鸡片、芙蓉鸡丝、鸡粥菜花、炸烹鸡块、悟空鸡等，受到食者的普遍喜爱。南通名菜“黄焖狼山鸡”鲜香腴美，美不胜收，2014 年 6 月被评为“南通市十佳名菜”。

（三）清蒸鲥鱼

鲥鱼，是长江著名的“三鲜”（鲥鱼、鲥鱼、河豚）之一。阳春三月，正是鲥鱼的旺汛季节。“河豚来看灯，鲥鱼来踏青”，这句南通农谚形象地说明了这两种鱼的游弋季节习性。

南通是万里长江入海之处，有崇明岛与狼山为屏障。南通江面形成了港深、水流平静、浮游生物多的良好自然生态环境，成为鲥鱼洄游长江觅食、产子的理想之地。由于鲥鱼由海溯江，精力消耗不多，故南通水域的鲥鱼体肥，其质在长江下游诸地首屈一指。在20世纪90年代以前，每届春汛，大江南北下游各地的江阴、靖江、泰州、扬州、镇江、南京的渔船纷纷云集南通江面，紫琅山麓，渔帆点点，桅樯成林，大家都来截捕肥美体大的鲥鱼，场景蔚为壮观。

“春有鲥鲚夏有鮰鲥，秋有蟹鸭冬有野蔬”。南通厨师在实践中对鲥鱼品质的鉴别、烹制，积累了丰富的经验，形成了烹调鲥鱼的两条共识：加热时要保住鱼体内的水和油；调味料和配料以清淡为主，方能突显鲥鱼独特的香腴鲜美。

鲥鱼入馔可整形烹制，也可切割解体加工成块、条、丁、片乃至剁茸，广泛应用于冷菜、热炒、大菜、汤羹、面点、小吃。做冷盘可卤、炸、烹、烤、糟、酱、泥、松等；做热菜可蒸、烧、氽、浸、烩、扒、炸、熘、爆、炒、煎等。南通烹制鲥鱼的主要菜品有红烧鲥鱼、清蒸鲥鱼、水油浸鲥鱼、椒盐鲥鱼、芙蓉鲥鱼片、原汤鲥鱼圆等。

鲥鱼的制作方法最简单，江鲜最重本味，所以鲥鱼最佳的做法就是清蒸。处理鲥鱼时，开肠破肚会损了鱼肉筋骨和鱼鳞，因此宰杀时一手捏着鱼头，一手用一根竹筷从鱼鳃插入鱼肚清理，清洗时必须顺着鱼鳞方向冲水。清蒸鲥鱼，最宜搭配春天里的恩物：春笋和菌菇，但真正的不二法门在于，要用猪油提香！蒸好的鲥鱼趁热拿筷子从鱼头部往下轻轻一撸，鱼肉和鱼大骨就分开了，鱼骨端给厨师炸得酥酥的撒上椒盐，另有一番风味。吃完鱼肉，再用鱼汁拌白米饭，吃到光盘。

鲥鱼虽肥嫩鲜美，但骨刺较多，为扬肉质鲜美之长、避小刺繁多之弊，可将鲥鱼脊背刺和小刺全部剔净，南通厨师对“皮里锋芒肉里匀，精工搜剔在全身”的鲥鱼出骨技术，被烹饪界誉为“绝顶”。

（四）白汁鮰鱼

鮰鱼是长江水产的三大珍品之一，南通老百姓叫它“肥丫”。鮰鱼的季节性很强，春季的鱼体最为肥美，秋季的菊花鮰腴美不输春鮰。鮰鱼的公鱼比母鱼个体大，一般为3-5斤，少数的能有30斤以上重量。

春冬两季，长江口的鮰鱼体壮膘肥、肉质鲜嫩，正是品尝的最佳时令。苏东坡曾写诗赞美它：“粉红石首仍无骨，雪白河豚不药人。”这是说，鮰鱼胜黄鱼，肉多而无刺，赛河豚味美而无毒。

鮰鱼为大型的经济鱼类，肉嫩、味道鲜、脂肪多，又无细刺，蛋白质的含量丰富，被誉为淡水食用鱼中的上品。它的鳔特别肥厚，干制的鮰鱼肚十分名贵。

鮰鱼的鱼皮有弹性而且胶质多，红烧或白汁吃为最佳，烧出来以后的色泽是油光，鱼块还裹着一层薄而匀的卤汁，汤汁根本不用勾芡，因为鱼本身的胶质已经有了黏性，也就是所谓的“自来芡”，鱼表皮肥糯滋润，肉质软嫩无刺，酱味鲜咸之中有甜味。

南通名菜——江鮰老豆腐

2014年6月被评为“南通市十佳名菜”的“白汁鮰鱼”，经过精心烹饪，各种调味品渗透至鱼肉内，味道咸中带甜，腴嫩鲜香，汤汁似乳，稠浓粘唇，肉厚无刺，鲜嫩不腻，滴汤成珠，酒香四溢。吃这道菜鱼和皮并重，各占一半。入口时鱼肉鲜嫩、鱼皮黏糯，有类似胶着“拉黏”的感觉，把鱼的美味表现得淋漓尽致。鱼鼻柔滑肥美，鱼肚柔糯富有弹性。“胶汁”实际上就是蛋白质，鱼皮富含胶原蛋白质。鱼肉除富含完全蛋白质外，还含有多种氨基酸、维生素和钙、磷、铁等物质。一道鱼，不仅美味，还是很好的营养品。这样一道“白汁鮰鱼”，正如明代杨慎所言，“粉红雪白，洄美堪录，西施乳溢，水羊胛熟”，兼鳅、豚之美，胜“羊胛”之腴，是水产肴馔中的神品。

（五）淡菜皱纹肉

淡菜皱纹肉是南通十佳名菜。主要食材为去骨带皮猪肋条肉。

制作前将淡菜置保温桶内，加热水浸泡，使其涨发，随后去毛洗净。将肉皮刮洗干净，置冷水锅中上火烧沸，取出洗净。再投入冷水锅中加葱段、姜片煮至六成熟时捞起。随后，将肉置另锅中，加骨汤、绍酒、酱油、白糖20克烧煮走红，至色呈赤红色时待用。锅放油上旺火，至八成热时，将走红的猪肉皮朝下放入，盖上锅盖，炸至爆声消失时，将肉翻身再炸片刻，捞起沥油。将炸过的方肉放入走红的汤锅内，上火煮至肉皮起皱纹，捞起晾凉。随后用刀将方肉改刀方块，再旋劈成长条，卷成牡丹花形，放上淡菜，放上白糖，浇上红汤，上笼用旺火蒸约15分钟取出，遂将肉汤滗入锅中，取出淡菜。

南通名菜——豚干红烧肉

接着将锅上火，放熟猪油25克，烧热后放入豌豆苗，加精盐、味精煸炒至熟，取2/3塌入肉碗，将肉翻扣汤盘中，再将豌豆苗和淡菜围边。将滗出的蒸肉卤汁倒入锅中，烧沸后放入味精，用湿淀粉勾薄芡，浇在肉面上即成。

淡菜皱纹肉皮似琥珀，内如镶玉，肥肉糯而不腻，瘦肉酥而不柴，口味咸中带甜，男女老幼皆宜。

（六）蛙式黄鱼

“蛙式黄鱼”是一道造型菜肴，是以鲜黄鱼、白蛋糕、青菜叶、鸡蛋、绍酒等为主要材料制作的苏菜。早在百年前，南通厨师便利用黄鱼的形体巧施刀工，使之成为卧式蛙形。中华人民共和国成立后，经过已故烹饪大师马树仁的改进，变卧式为坐式，且制作方法更简练、合理，使“青蛙”具有跃跃欲跳之动感，增加了艺术魅力。

制作前先将黄鱼洗净，留胸鳍、尾鳍，从肛门处剖腹至颈部，再从鱼头后的2/5背脊处将刀切进脊骨，劈向尾部，使鱼成为2片。斩

南通名菜——蛙式黄鱼

去脊骨，在鱼肉上均斜剞上花刀，制成“青蛙”后腿，再用剪刀在胸鳍的腹皮上略斜向前剪开约 2 厘米宽的长条，作“青蛙”的两条前肢。鸡蛋加淀粉、面粉调成蛋糊。将黄鱼用绍酒、精盐、葱姜腌渍 10 分钟，后拍干淀粉，把鸡蛋糊放入漏勺中，做成坐式蛙形，下七成热油锅中炸熟，捞出。待油温升至八成热，再入油锅复炸至外酥里嫩时捞起。将白蛋糕、香菇做成鱼眼睛嵌在鱼头上。红椒入油锅过油，做成蛙舌装上。青菜叶入水略烫做成荷叶形放在长盘中，放上炸好的黄鱼。炸鱼同时，另取锅上火放油，放入番茄酱煸至起沙时，放入精盐、白糖和适量清水，烧沸后用水淀粉勾芡，烹入香醋，淋热油，浇在炸好的鱼身上即成。此菜鱼肉外脆里嫩，口味酸甜适中，堪为形美、味美之佳肴。

（七）提汤羊肉

南通自古以来就养羊，一般农民家里总要养上几只，品种以山羊居多。海门山羊是全国著名的山羊地方品种之一。海门山羊肉膻味少，脂肪分布均匀，无论红烧、白煮，均肥而不腻，鲜美可口。羊肉较猪肉的肉质要细嫩，较猪肉和牛肉的脂肪、胆固醇含量少，其营养价值之高，蛋白质含量之多，为其他肉类所不及。李时珍在《本草纲目》中说：“羊肉能暖中补虚，补中益气，开胃健身，益肾气，养胆明目，治虚劳寒冷，五劳七伤。”一方水土养一方人，各地有各地的风俗。南通人吃惯了带皮的山羊肉，而且还把羊肉和鱼放在一起煨。“鱼”和“羊”两个字加起来就是一个“鲜”字。不仅本地人欢喜，上海人也欢喜。现在上海已经有好多家卖“海门羊肉”的连锁店了。

“海门提汤羊肉”在中华人民共和国成立前已是驰誉大江南北的特色菜肴。当时的江、浙、沪等大城市中的饭菜馆，常把“海门提汤羊肉”作为挂牌菜肴。海门提汤羊肉，以海门白山羊，即长江三角洲白山羊为原料，精心制作而成，是南通地区传统的地方名菜。

南通名菜——海门羊肉

海门提汤羊肉将整爿（半只）羊肉，用大汤锅焖制。羊汤乳白稠浓，鲜美醇厚；羊肉熟烂后拆骨压实，既可作为冷切羊肉或制成羊糕之类的冷菜，又可作为半成品制成红烧羊肉、回锅羊肉等热菜和羊肉粉丝汤、清羊汤等汤菜，制作热菜或汤菜，均以羊原汤作为佐料，不另加清水。

提汤羊肉的特点是，将煮羊的原汤提出，代水烹制羊肉。羊汤中分解的氨基酸、脂肪和矿物质，不仅增加了羊肉菜品的鲜美腴香和营养，羊汤本身就是一道既滋补又鲜美的汤菜。原汤汁的使用，增添了羊肉腴香鲜美的魅力，因此成为南通几百年来的经典传承珍馐。

（八）蟹粉鲜鱼皮

蟹粉鲜鱼皮是一道色香味俱全的南通名菜。所谓“蟹粉”，就是用河蟹拆下来的蟹肉佐以配料煮成的食物，它可与很多其他食物配搭，所谓“蟹肉上席百味淡”，蟹粉则更胜一筹。鱼皮是海味中珍品，“蟹粉鲜鱼皮”为“南通四鲜”之一。明代王圻的《三才图会》记有：“浅在海沙不能去，人割其肉……其皮用汤泡净，可缕作脍。”明代食鱼皮是“现割现烧”得其本来鲜腴之美。鲜皮间质水饱和，胶质蛋白没有变性，故鱼皮晶莹、绵软而富有弹性，并保持其海鲜原汁真味，腴美柔滑异常，再加上蟹粉、菜心衬托，色泽悦目，滋味极鲜，蟹粉鲜鱼皮一般作宴会头菜。

（九）通式三鲜

“通式三鲜”又名全家福、大杂烩、杂菜，是用水产品、禽蛋品和畜产品三种半成品的多种原料配制而成，因为是南通的传统做法，故名“通式三鲜”。

通式三鲜的原料既多又复杂，但多而有序，杂而有章，主、辅、配、调料，如君臣佐使，主次有章。通式三鲜以油发鱼肚或油发蹄筋、油发肉皮为“君”，以虾腐、鱼圆、肉圆为“臣”，以走油肉或火腿（硝水肉）、熟鸡肉（或鸡杂、鸽蛋、鹌鹑蛋）、桂花鱼（或鱼片、虾仁、海参）、菜心、竹笋、香菇为“佐”，以虾子、贝类、鸡汤、味精、胡椒、盐、香菜等为“使”，配上老母鸡汤，章法严谨，主次有序，成菜原料众多色彩和谐，口味香辛腴鲜而宜人，营养丰富而养生，汤菜俱佳而开胃，是烩菜中原料、口味、营养的黄金组合，神仙搭配。

著名画家袁运生回通省亲，吃过了“通式三鲜”后赞不绝口，连称“吃到了家乡的味道”。如果“君”是鱼肚或油发蹄筋，“臣”是用的虾腐，“佐”中有海参、鱼皮的“三鲜”，档次最高，被民间誉为“全家福”；如“君”是油发肉皮的“三鲜”被称为“杂菜”，档次最低，“臣”“佐”“使”，与三鲜料基本相同。

五、南通铁军：一座座丰碑矗立祖国大地

从高原丰碑——拉萨饭店到科技杰作——北京天文台 2.16 米望远镜室，从辽阔的呼伦贝尔大草原到天山脚下的克拉玛依，从大上海第一个全装修住宅到享誉世界的迪拜双塔，从 20 世纪 50 年代的首都十大建筑到具有里程碑意义的港珠澳大桥珠澳口岸工程，一件件成色十足的杰作，见证着南通建筑铁军辉煌的足迹。

设立于 1987 年的鲁班奖，是中国建筑工程质量的最高奖，也是无数能工巧匠毕生追求的目标。30 多年来，南通建筑铁军先后捧回了 110 个金光闪闪的鲁班金像，获奖总数在全国遥遥领先。

江苏是建筑强省，拥有一支蜚声海内外的南通建筑铁军。在强手如林的江苏，南通建筑企业为何能在鲁班奖排行榜上始终雄踞榜首？背后有哪些获奖“秘笈”？

据悉，中国每年竣工的建筑工程项目约 90 万个，而每年的鲁班奖数量仅有 120 个，获奖比例仅 0.013%，差不多是万里挑一。中国建筑业协会副会长、南通四建集团终身名誉董事长耿裕华认为：“撇开具体项目建设过程中的质量管理、技术创新等因素，南通的建筑企业能够屡屡获得鲁班大奖，与它所在地域的文化、企业自身的文化、

企业的体系架构不无关联。”

南通的能工巧匠众多，这是南通建筑铁军得以发展壮大的重要资源。本地建筑市场容量有限，为了生存，南通建筑铁军走南闯北，参与市场竞争。在工程技术并不占优势的情况下，质量和服务成为南通建筑企业决胜市场的利器。2019 年时，外地市场已大约占到南通建筑业市场份额的九成。

任何产业的崛起都有文化的支撑和现实的基础。南通铁军来自勤劳的南通老百姓中。南通是个移民地区，祖辈从四面八方迁移过来，为了生存，男人们从小就要接受建房子、做家具和农具等祖传手艺。经过历代能工巧匠总结提炼，建房子有特点，很精致，质量好，风格各异。同时，外来移民有一种自我保护意识，从小接受的是忠厚、谦让、勤劳的教育，这些都形成了南通建筑工人手艺好、能吃苦、守纪律的特点。从 20 世纪 70 年代起，南通建筑工人就开始走出家乡，走向市场，赢得了发展先机，建造了拉萨饭店等精品工程，在全国叫响了品牌，开拓了市场。根植于地域传统文化，加上有效的政府引导和企业管理、企业家敢闯敢干，南通建筑业异军突起，人才辈出，长盛不衰。

南通先贤张謇先生发愤图强，开创事业，其精神激励着一代又一代南通人艰苦创业。南通铁军“吃三睡五干十六”，铸就了“五千五万”精神：踏遍千山万水搞建筑、依靠千军万马闯市场、吃尽千辛万苦创事业、说尽千言万语争项目、历尽千难万险谋发展。这种精神，使南通铁军从小到大、攻无不克、战无不胜。

（一）拉萨饭店：江苏首个“鲁班奖”

1984 年 3 月，党中央、国务院决定在西藏地区援建 43 项工程，并要求这些工程要在西藏自治区成立 20 周年时投入使用。

江苏、浙江、安徽、天津等 9 个省市集结的 1 万多人，组成建筑大军奉命开赴西藏。南通四建终身名誉董事长耿裕华所在的队伍是其中的一支，他时任南通县建工局技术股副股长。1 个月后，耿裕华却留下被任命为江苏援藏工程指挥部的技术负责人，直接开工干活。要求 300 天内建成拉萨饭店，在西藏自治区成立 20 周年前建成并交付使用。拉萨饭店是援藏 43 项工程中的重中之重，总面积 4 万平方米，由客房、餐厅等 22 个单位工程组成。

拉萨饭店纪念石碑

拉萨，位于海拔 3700 多米的青藏高原，空气稀薄，缺氧量是内地的 130%以上。耿裕华从前期的材料、图纸、施工设备的准备，到施工人员的配备，都一一承办，将计划编制得非常精准，他知道，哪怕一个小小的失误，都会贻误工期。前 3 个月，他每天只睡三四个小时。

1984 年 7 月 1 日，拉萨饭店工程开工。“我们只有一台塔吊，西餐厅 24 米跨梯形钢屋架无法安装到位。”施工员向耿裕华提出问题。耿裕华和现场的技术人员研究论证了多种方案，最后采用人工水平滑移法顺利安装到位，被《西藏日报》誉为“雪域高原建设的奇迹”。

拉萨饭店仅施工了 273 天，提前半个月竣工。1985 年 8 月 12 日，拉萨饭店落成典礼隆重举行。

3 年后，全国开始评选“鲁班奖”，这是中国建筑业的最高奖。拉萨饭店工程榜上有名，这是江苏省第一个“鲁班奖”。入选中国百年经典工程，被评为中华人民共和国成立60周年百项经典暨精品工程。其规模、投资、难度和要求居 1984 年党中央、国务院确定的 43 项援藏工程之首。整个建筑群层次分明、静中有动，是一项从设计、施工，到室内配套、庭园绿化的典型“交钥匙”工程。

南通四建人克服了高原缺氧反应和施工中意想不到的困难，整个工程从设计到竣工，仅用了 16 个月的时间，创造了世界屋脊的奇迹。

拉萨饭店竣工之际，西藏自治区党委、人大、政府致江苏省感谢电中说：拉萨饭店将和高原的蓝天、白云和古老壮观的布达拉宫交相辉映，巍然屹立在古城拉萨，并将作为一个永久的纪念，载入西藏建筑史册，留在西藏人民的记忆中。

拉萨饭店外景

中国建筑业协会副会长耿裕华后来在一篇回忆文章中写道："西藏的经历，对我们来说是一笔财富。每当我们率领队伍转战全国时，无论多么艰难的工程，无论遇到多大的困难，我们总是以当年在世界

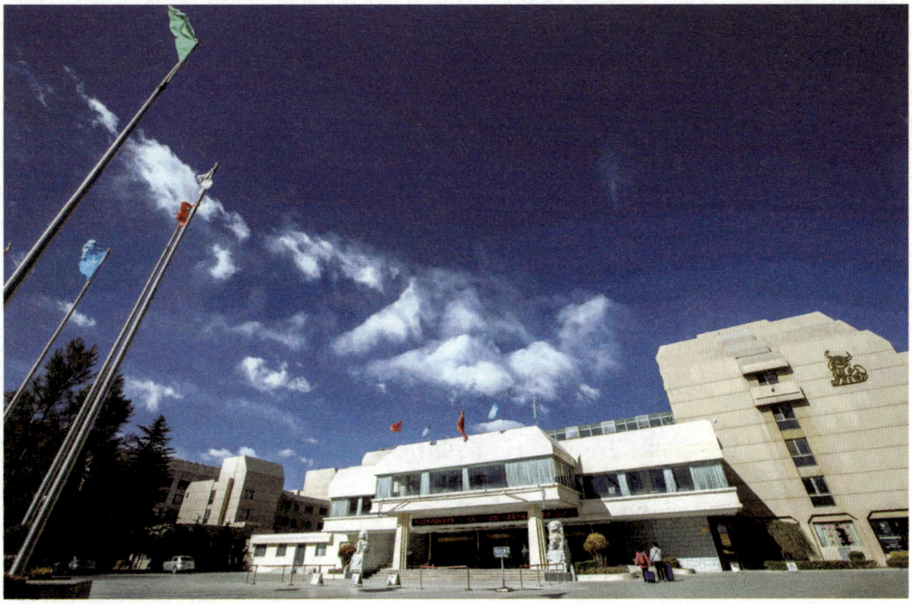

拉萨饭店外景

屋脊上创造奇迹的顽强拼搏精神激励和鞭策自己：我们是南通铁军，无往而不胜！”

（二）南通劳动人民文化宫：新中国成立后南通的第一个地标建筑

南通市劳动人民文化宫是新中国成立后南通的第一个地标建筑，更是一座承上启下的建筑。

20 世纪 50 年代初，当时的南通市总工会酝酿着，要为南通的工人群众办一件大实事——通过自力更生艰苦奋斗，建设一座像模像样的文化宫，作为广泛联系人民群众的重要文化活动中心。

1951 年春天，文化宫筹建处成立。这是一个精干的班子，时任市总工会副主席王敏之担任总指挥。在反复听取各界人士意见的基础上，王敏之提出，文化宫要设计成苏北一流的工程，几十年后要让人依然感到不落后。

经测算，文化宫的造价需要旧币 30 亿元（合新币 30 万元）。总工会的领导商量决定，依靠工人群众自己来解决。当时，工人们当家做主的积极性很高。一经号召，迅速响应，建设资金很快到位。

1951 年 6 月初，文化宫在濠河之滨北公司原址破土动工。施工期间，工人们干劲冲天，工地上号子声不断。经过 10 个月的建设，到第二年 4 月，一座圆木地基、钢筋混凝土承台、内框架架构的多层建筑出现在濠河之滨，它集底层展览厅、二层 400 人交谊厅、三层 840 人大礼堂和后半部 1200 个座位的电影院于一体。时任上海市市长的陈毅元帅欣然为其题写了“南通市劳动人民文化宫”10 个大字。此后，每逢节日来临，这里人如潮涌，华灯绽放，热闹如上海大世界。在此后的数十年间，文化宫始终是南通工人阶级接受新知识的摇篮、开展丰富多彩文化活动的阵地。

（三）南京奥体中心体育馆惊艳亮相

当我们将目光聚焦南京——这座南通铁军收获鲁班奖最多的城市时，功勋卓著的南通新华建筑必然会进入视野。1990 年，由新华承建的南京水利科学研究院综合楼获得鲁班奖，这也是江苏施工队伍在本省夺得的第一个鲁班奖。此后，新华承建的省国际经贸大厦一期、新世纪大酒店、南京文艺中心、置地广场等纷纷折桂。迄今为止，新华在南京共收获 10 多个鲁班奖。一个源自通州区骑岸镇的公司，在省城收获如此众多的鲁班奖，堪称奇迹。

2014 年 8 月 16 日，举世瞩目的青奥会在南京奥体中心开幕，新华承建的奥体中心体育馆以新颖别致的太空舱造型引来赞誉无数。这座建筑面积 6 万平方米的体育馆设有 13000 个观众席，可举办篮球、排球、体操等多种体育项目，并设有冰上运动比赛场馆。在 2006 年荣获鲁班奖之后，该馆 2007 年又荣获国际优秀体育建筑和运动设施金奖，它是中国第一个获此殊荣的体育建筑。

在工程质量上精益求精是新华公司屡获鲁班奖的法宝。2003 年，在体育馆建设过程中，南通新华建筑集团负责人在一次检查时发现所支的模板平整度差 0.12 毫米，决定拆掉重新吊拼。这一拆装经济上的损失不说，还要加班加点，不少人觉得小题大做，但他铁着心肠下了拆模指令。他坦言：“争创一项鲁班奖工程，施工成本高出 20%。但我们不算小账，每一个细节都要展现铁军实力和信誉！” 建一项工程，筑一个精品，树一座丰碑。奥体中心体育馆的“屋盖桁架滑移施工技术” 填补国内空白，“大型屋盖框架曲面滑移” 技术国内首创，超过雅典奥运场馆。

在群雄逐鹿的南京建筑市场上，南通铁军能工巧匠们骁勇善战，屡建奇功，筑就了无愧于先辈、无愧于时代的辉煌。

（四）为侵华日军南京大屠杀遇难同胞纪念馆扩建尽心尽力

和纽约世贸大厦遗址、法国诺曼底、波兰奥斯威辛集中营等齐名，作为世界“十大黑色旅游景点” 之一的侵华日军南京大屠杀遇难同胞纪念馆，位于南京建邺区水西门大街。2007 年 12 月竣工的扩建工程，空间布局以 “铸剑为犁” 为寓意，平面布局上映现出“和平之舟”。

侵华日军南京大屠杀遇难同胞纪念馆冥思厅

精致的园林、凝重的雕塑、丰富的展陈，与精湛的建筑艺术完美融合，浑然一体，受到前来参观凭吊的国内外人士一致好评。

2009 年，这项工程获得鲁班奖。扩建工程的万人坑遗址保护、冥思厅等项目，均由位于南通的通州建总集团承建。纪念馆工程技术含量高，施工难度大，这在中国乃至全世界都没有可比性。遇难同胞遗骸所在的“万人坑” 不可能搬运，施工过程中必须妥善保护。技术攻关组对施工工序进行了专门的系统设计。他们采用聚氨酯发泡技术对地表遗骸进行保护，然后砌筑围护墙体，吊移原有网架，将预先制作好的钢结构临时保护罩吊装到围护墙体上，由此在坑体形成覆盖体系。为了确保遗骸长久保存，地下水位的控制尤为关键。他们设置的立体排降水系统，受到纪念馆的高度肯定。

“纪念馆工程造价不高，利润也有限，但是为了铭记历史、激励后人，我们义不容辞，并在开工之前就确定了鲁班奖的目标。” 通州建总负责人介绍。他们抽调精兵强将，和东南大学、南京文物所、南京博物院等单位合作，为工程建设殚精竭虑。这一工程先后被评为“全国建筑业新技术运用示范工程” “鲁班奖” 和“改革开放 35 周年百项经典暨精品工程”。

（五）神秘的中国科学院国家天文台兴隆观测站

莽莽苍苍的燕山山脉之中，河北承德兴隆的连营寨山，巍巍山巅之上矗立着直到今天仍然神秘的中国科学院国家天文台兴隆观测站。

观测站内安放的 2.16 米口径光学望远镜，当年是远东地区最大的光学望远镜。现在，仍然稳踞着远东地区“老三”的地位。施工方——苏中建设集团安全地将重达 100 多吨的 2.16 米望远镜，成功架设到望远镜室的南、北两座混凝土墩基上，是一项了不起的工程！

那么，因天文望远镜 2.16 米的口径而被命名为“216 工程”的国家重大天文项目，是怎么结缘苏中建设集团这支雄师劲旅的呢？这一“明星工程”的项目经理和主要技术负责人——全国劳动模范、苏中建设集团高级工程师鲁伟，揭开了这一谜底。原来，20 世纪 80 年代初，鲁伟率苏中建筑大军进军上海，在沪上建筑市场很快打响名气。站稳脚跟、展示实力后，鲁伟被推荐负责上海天文台 156 米反射望远镜工程。经过一番艰苦拼搏，上海天文台以一流的品质顺利竣工。鲁伟和南通建筑铁军不凡的业绩，又让他们顺理成章地接下了“216 工程”。经历风风雨雨，建筑内外无一处出现渗漏、开裂，屏蔽体功能良好，没有经受过一次雷击，是名副其实、不折不扣的优质工程。对这一优良建筑，中国科学院还开过多次总结会，要求此后的相关工程都要以这一工程质量标准为参照。

当年，那些沉重的望远镜核心部件，南通建筑铁军是如何运到山顶呢？

鲁伟揭秘说，没有诀窍，就是蚂蚁啃骨头，一点一点地苦干。施

北京天文台 2.16 米天文望远镜观测室

工中最具挑战性的是解决“隔震”难题。什么是“隔震”？就是天文观测对建筑物提出的特殊要求。设计要求望远镜墩基与楼层各个部分必须绝对分离。也就是说，从结构看，望远镜室必须是一个彻底的空中楼阁，否则，在观测时，基座的任何一点点微小的震动，都会使观测结果差之毫厘，谬之千里。鲁伟团队绞尽脑汁，终于发明了独特的“护墙逆砌”工艺，成功破解了这一难题。经国家地震局使用先进仪器检测，当人在望远镜室的核心部位圆顶走动时，振动频率为 7 到 8 赫兹，振幅小于 0.15 秒，居然超过了设计要求标准和要求！

鲜为人知的是，这一寄托了中国几代天文学家探索太空奥秘梦想的国家“七五” 重点特殊科研建设项目，自从南通铁军建成投入使用的那一天起，就发挥着无可替代的重大科研使命。“在此后中国的‘嫦娥奔月’征服太空的伟大旅途中，这座雄伟的天文台和上海天文台、乌鲁木齐天文台、云南天文台成功进行望远镜联网。它的观测口径相当于各望远镜之间的地理跨度，这把望远镜的观测精度提高了数个数量级。” 一位天文专家说，“没有设施一流的观测站，这一切都无从谈起。所以，南通建筑铁军功不可没。”

巨大成功的背后，永远是默默无闻的奉献付出。鲁伟回忆：“那时，一到连营寨山所有人都倒吸一口凉气。上山只有一条羊肠小道，大量物资和设备怎么上得去？山顶的施工地 600 平方米，建筑物要占去 60%，建筑物的边缘 4 米处便是悬崖。也就是说，土建施工的必要设备根本没有立足之地，难啊。” 更糟糕的是，山上气候条件多变，夏天太阳灼人，冬天不仅寒气逼人还经常刮 7 级以上大风。 生活上，后勤人员每天都要买米下锅，至于蔬菜供应在山区就更加困难，一周能吃上一盘新鲜蔬菜，就让建筑工人们心满意足了。环境条件再艰苦，南通铁军都没畏惧胆怯。在他们看来，为中国天文事业争一口气，何其光荣！

（六）高难度的港珠澳大桥珠澳口岸工程

2019 年，南通铁军、南通建筑铁军捷报频传，一举获得 7 尊鲁班奖“小金人”。拥揽鲁班奖数量最多的南通四建集团有限公司，独中两元，其中一项是港珠澳大桥珠澳口岸工程。

港珠澳大桥是连接香港、珠海、澳门的超大型跨海通道，全长 55 公里，建成后将成为世界最长的跨海大桥。作为中国建设史上里程最长、投资最多（1100 亿元）、施工难度最大的跨海桥梁项目，港珠澳大桥受到海内外广泛关注。港珠澳大桥将连起世界最具活力经济区，快速跨海通道的建成对香港、澳门、珠海三地经济社会一体化意义深远。

2016 年 1 月 21 日，南通四建承建的港珠澳大桥珠澳口岸（珠澳口岸是珠海、澳门口岸的合称）桩基工程开工。在项目部所有员工的凝心聚力下，仅两个半月就完成了 60 万米管桩的施工。2016 年 12 月 9 日，该工程顺利移交给澳方，他们由此获得了澳方及参建方的一致好评。

2017 年 8 月下旬以来，珠海口岸项目经历了“天鸽”“帕卡”双台风的肆虐，强热带风暴“玛娃”带来的暴雨袭击。从组织数百名工人及管理人员撤离到台风过后的重返、抗灾，南通四建队伍临危不乱、纪律严明、复产秩序井然，夜灯下席地而坐共商重建计划的场景，给所有人留下了深刻的印象。然而，期间项目部先后两次的全岛撤离，对整体工期共造成了至少超过 1 个月的延迟影响。面对前所未有的困难与压力，项目部 1200 余名建设者携手同心、不惧挑战、咬紧目标、坚持不懈，终于如期实现了全岛陆地地面全线贯通的目标，为保证港珠澳大桥 2017 年底实现通车创造了条件。2017 年 10 月 13 日，港珠澳大桥珠海口岸在南通四建施工的 A1 区入境货检区举行了全线贯通仪式。

南通铁军创造了在这个全世界最大的口岸建设过程中绝境重生的涅槃奇迹，这也是一路夺关去隘，一路高歌猛进的铁军精神。

时光荏苒，岁月流逝。今天，这种不怕苦、敢吃苦、不言苦的南通铁军精神，仍然伴随着一个又一个海内外建筑施工项目，薪火相传，成为南通铁军一往无前、再铸辉煌的独门绝技！

六、千古文化留遗韵 坚守传承入万家

在历史的流变之中，文化承接着过去，延续着现在。在过去、现在、未来三者的关系上，我们应该不忘本来、吸收外来、面向未来，既向内看，又向外看；既向前看，又向后看。这样，才能知古明今晓未来。这也是我们对待非物质文化遗产应该持有的历史观。

南通市地处江苏东部，东濒黄海，南倚长江，气候适宜，物阜民丰，素有“崇川福地”之称。南通历来人文荟萃，吴越文化、荆楚文化、齐鲁文化在此融汇，形成了江海平原独具特色的地域文化风情。南通的非物质文化遗产极为丰富，非物质文化遗产的各种传统文化表现形式和文化空间皆备。

（一）南通梅庵派古琴艺术

现有联合国教科文组织公布的“人类非物质文化遗产代表作”1项——南通梅庵派古琴艺术。国务院公布的国家级非物质文化遗产名录10项，分别是南通蓝印花布印染技艺、南通板鹞风筝制作技艺、梅庵派古琴艺术、南通仿真绣、童子戏、南通色织土布技艺、跳马伕、海门山歌、通派盆景技艺和季德胜蛇药制药技艺。江苏省政府公布的

省级非物质文化遗产名录53项。南通市政府公布的市级非物质文化遗产名录125项。非物质文化遗产在南通各地均有分布，其种类包括民间文学、传统音乐、传统舞蹈、传统戏剧、曲艺、传统体育、游艺与杂技、传统美术、传统技艺、传统医药以及民俗等10大类。

非物质文化遗产名录是保护非物质文化遗产的一种方式，具有重要价值的文化信息资源，也是历史的真实见证。

2000多年前，俞伯牙、钟子期正是通过一曲古琴《高山流水》，成为千古知音。南通梅庵派古琴艺术是民国初年崛起的新兴琴派，在中国近代琴坛具有较大影响。梅庵派古琴开山人是王燕卿，他创立的这种接近民间俗乐的古琴弹奏方法，使得音乐形象更为鲜明、雅俗共赏。他的古琴演奏艺术，重视技巧，充满着地区性的民间风格，感染力极强，是从诸城派古琴中脱胎而出的一个新的流派。

1929年，王燕卿的心传弟子徐立孙将梅庵派古琴艺术带到故乡南通，并与邵大苏在南通共同创建梅庵琴社，刊行《梅庵琴谱》，将之发扬光大。1956年，徐立孙在全国音乐周上，因高超的演奏艺术和梅庵琴派的巨大影响，与查阜西、管平湖、吴景略被称为当代中国古琴四大家。刘少奇视察南通时，也曾请他演奏古琴。1960年，徐立孙出席全国第三次文代会，受到毛泽东、朱德、郭沫若等党和国家领导人的接见。梅庵琴派区域分布广泛，在内地、港台以及海外都有弟子们的身影。在20世纪古琴史上，拥有梅庵琴派这样广泛分布区域的，绝无仅有。

2003年，南通梅庵派古琴艺术被联合国教科文组织列入第二批人类口头与非物质文化遗产代表作名录。2008年，梅庵派古琴艺术入选第一批国家级非物质文化遗产项目扩展名录，属传统音乐类。

海门滨江临海，素有江海门户之称。清乾隆年间，崇明、句容一带的居民纷至沓来，垦殖耕作，纺纱织布，他们带来了生产技术，带来了民风习俗，也带来了吴语山歌。这些山歌逐渐与当地的自然环境、社会生活、生产劳动、风俗习惯相融合，经过岁月的磨砺、流传和加工，久而久之，形成了独特的海门山歌。海门山歌源自吴歌，兴盛于清末民初。

海门山歌内容极为丰富，涉及社会的各个方面，以民间口头相传为主，直至1933年《江口情歌》的出版发行，方才有文字记载。海门山歌语言生动有趣，音乐清纯甜美，旋律悠扬婉转。1957年3月，海门山歌小戏《淘米记》首次进京参加全国第二届民间歌舞会演，朱德、周恩来等党和国家领导人观看了演出，并亲切接见了演员。1958年8月，海门山歌剧团成立，被誉为“江海平原一枝花”。

2007年，海门山歌被列入首批江苏省非物质文化遗产名录。2008年，被列入第二批国家级非物质文化遗产名录。

（二）南通蓝印花布印染技艺

明清以来，江苏南通是中国棉纺织基地，所印制的蓝印花布“衣被天下”。据《南通县图志》记载，在染织局登记在册的手工染坊就有19家之多。民间艺人大胆吸收剪纸、刺绣、木雕等传统艺术图案，不断地丰富染织蓝印花布的纹样。用桐油纸来刻花版，省工省时效果好，耐水、耐刮性强，使用寿命长，花纹表现更丰富，工艺趋于成熟。蓝印花布的工艺由江南传到江北，由苏州及南通传遍了江苏各地区，

南通蓝印花布印染技艺

形成了以江苏为中心的主要产地，产品除供应本地外，还畅销各地。

2006 年“南通蓝印花布印染技艺”经国务院批准列入第一批国家级非物质文化遗产名录，南通也被命名为蓝印花布之乡。蓝印花布图案朴素优美、吉祥如意，她那朴拙幽雅的文化韵味，在中国民间艺术中堪称独树一帜，千载之下散发着东方文化魅人的芳香。

（三）南通板鹞风筝

板鹞风筝，又称哨口风筝，简称“板鹞”，起源于北宋年间，融扎裱造型、配色绘画、音律设计、哨口雕刻等于一体，不仅是娱乐放飞的休闲品，更具有观赏和收藏价值。南通板鹞风筝的哨口大小各异，哨口选材巧妙，雕刻精细。人们巧妙地将各种音调哨口合理组合，风筝上天，哨口齐鸣，一旦飞上天，“得风则鸣，其声随风抑扬”，有“空中交响乐”之美誉。

板鹞风筝形状多以几何参数制扎，大者丈余，小者尺盈。形状分正方、长方、六角、八角和由六角相连的七星、一九联等，以六角板鹞为多见。板鹞上一般安哨子，哨子大小不等，大的若洗脸盆口大，小的则用毛毛虫壳制成，状如小拇指。一只大板鹞上最多能安1000多只哨子，宛若一个庞大的空中交响乐团。

南通板鹞风筝集合雕、扎、书、画、绣等多种工艺于一体，围绕风筝骨架结构彩绘鹞面的图案形式多样，内容多是百姓喜闻乐见的传统题材，如吉祥纹样、神仙人物等。所用颜色鲜亮明快，具有民间美术的诸多色彩要素，绘制上精工细作，与面积成排成行的哨口互相衬

南通板鹞风筝

托，形成一种独特的形式美。板鹞风筝有极高观赏和收藏价值，其中包含了一定的空气动力学、音响学，传承了江海人民千年来的智慧与匠心。

2006 年 5 月，南通板鹞风筝经国务院批准列入第一批国家级非物质文化遗产名录。

（四）南通色织土布技艺

南通土布染织技艺的源头在江南松江府。700 年前，黄道婆回到故乡收徒传人，广为传播。后因江南战事频繁，江南植棉纺织技艺也就随之入迁新陆乍成之地海门。海门和通海地区所产土布由本色土布而色织土布、而挂综织纹土布，从业者依据见闻之生物，抽象而成的纹饰多达 16 个大类、数百余种。

18 世纪下半叶起，南通土布进入国内外市场，30 万沙地人二次移民，北上垦殖，开发淮南棉区，催生了淮南染织事业。自此，南通土布生产在形成兴仁、白蒲、平潮、金沙、西亭五大生产基地之后，又平添了一个淮南生产基地，年销量高达1700万匹以上。20世纪初叶，南通土布的兴盛奠定了大生纺织企业的成功崛起，共同创造了近代南通社会与经济的历史辉煌。

南通土布工艺是反映南通人民特有的风俗习惯、生活方式、个性特征与审美情趣的一面镜子，是生活在江海大地上一代代父老乡亲勤劳智慧的结晶。作为华夏农耕文化的典型代表与丰硕成果，南通土布是中国 700 年棉纺织手工技艺保存完整、流传有序、延续至今而宗脉未断的杰出代表，也是见证中国传统棉纺织技艺的活的历史标本，其传承保护有着厚重的历史研究价值。

2008年，南通色织土布技艺获准入南通市级非物质文化遗产保护名录，同年晋升入省级保护名录，2010年晋升入国家级保护名录。

（五）南通仿真绣

明清时代，南通就出现过袁九淑、董小宛等刺绣名家。20世纪初，张謇出于对中国传统刺绣艺术的深爱，邀请了刺绣艺术大师沈寿来南通主持刺绣教学，创办了南通女工传习所，南通仿真绣应运而生。

仿真绣源于苏绣，但有别于传统苏绣。仿真绣以刺绣来表现物象的光影、色彩，使之达到仿真、逼真的艺术效果。作品常以西洋油画的人物肖像、风景等为绣稿，吸收其用光、用色的技法于刺绣技法之中，使得作品立体感强、物像生动逼真。仿真绣的色彩比传统苏绣更加丰富，一种颜色以浓淡色差之分即有10多种乃至20多种。仿真绣在用针方面，根据画面肌理，创造性地将旋针与传统针法相结合，达到转折自然、细腻平服、光彩柔和的艺术效果。

仿真绣以人物绣最为擅长。2009年11月，沈寿艺术馆组织制作的沈绣《奥巴马总统全家福》，由时任国家主席的胡锦涛赠送给来华访问的美国总统奥巴马。2013年3月，沈寿艺术馆制作的沈绣《普京总统肖像》，由中国国家主席习近平在访俄期间赠送给普京总统。两件国礼得到了双方领导人的一致好评。

2007年，南通仿真绣被江苏省人民政府公布为第一批非物质文化遗产名录。2008年6月，被列入第一批国家级非物质文化遗产扩展项目名录。2018年5月，入选第一批国家传统工艺振兴目录。

南通仿真绣

（六）南通通剧

童子戏的前身是通州及周边民间的“上童子”“童子会”等宗教祭祀仪式，是民间集体进行的一种消灾祈福的活动，规模较为宏大，一般由会头组织，资金来源于民间筹集。可根据节气、时令、地区、行业、天灾人祸等分别取名，名目繁多。随着社会的进步、科学的昌明，南通庙会的实际内容有了根本性的改变，大型童子会活动已属罕见。

南通通剧

1957 年，南通地区成立了第一家童子戏剧团，并冠名“通剧”。至此，童子戏正式登堂入室，成为江苏众多地方戏中的一个成员。

童子戏使用南通的方言土语，唱的是俚曲小调，具有浓郁的地方特色和乡土气息，是中国傩文化遗存不多的一个重要分支，已传承千年以上，是研究中国傩、傩舞、傩戏的重要资料。近年来频频走出国门，参与亚洲民俗文化大舞台的演出，成为中外文化交流的友好使者。

2006 年，童子戏入选江苏省非物质文化遗产名录。2008 年，童子戏列入第二批国家级非物质文化遗产名录。

（七）南通跳马伕

春秋战国时，如东县域为楚国属地。成陆后，来自四面八方的先民在长期的交往融合中，相互包容、吸纳，创造出丰富独特的民族民间文化，舞蹈跳马伕就是在这样的文化背景下诞生的。马伕们口衔银针，扎彩色头巾，戴黄色纸帽，手执马钎，腰系铜铃，腿裹素布，脚穿草鞋，胸悬护心挂锁，围在神轿四周，群起舞蹈，跳跃前进，气势磅礴。

跳马伕源于古代祭祀舞，而盛于明清，上下数千年，从舞蹈中可窥先人祭祀的习俗、先民迁徙的路线、先朝兴衰的历史，可供开展历

留学生跳马伕

通派盆景

史学、民俗学、地域学等多方面的研究与考证。跳马伕是男子群舞，极具阳刚之气，在民族民间舞中较为罕见，被《中国民间舞蹈集成》总编辑部作为典范，多次搬上舞台、荧屏，并走出国门，进行文化交流、艺术研究。2011年，跳马伕被列入国家级第三批非物质文化遗产名录。

（八）通派盆景

通派盆景以南通命名，盆景造型以树形的“两弯半”为特征，是汉族优秀的传统艺术之一，是园林艺术的珍品。通派盆景以南通为中心，包括周围各县，尤以如皋一带为重。南通地区盆景的起源有文字和实物记载始于宋，宋代教育家胡安定记录如皋的一盆“蛟龙穿云”

古柏盆景，距今已有 900 多年。南通盆景园保存的桧柏盆景树龄已经有 600 余年，通派盆景的代表作“蛟龙穿云（雀舌松）”，树龄 470 多年，诞生于明嘉靖年间。

中华人民共和国成立以来，南通盆景得以迅猛发展。20 世纪 50 年代初，当时的市人民委员会在市区发动征集盆景，并组织力量分赴县区的石港、四安、陈桥等地征集收购到一批盆景佳作。在南通人民公园、文化宫等处相继建立了花卉盆景园，既供广大市民欣赏又是生产和研究盆景艺术的基地。1979 年 10 月，为庆祝中华人民共和国成立 30 周年，南通盆景获邀参加在北京举办的“全国盆景艺术展”，南通两盆“两弯半”大盆景在展览大门入口处亮相，获得高度好评。之后南通盆景声名鹊起，享誉四方。中国著名盆景艺术家理论家徐晓白教授在 1985 年主持编写的《中国盆景》一书中，首次将通派盆景列入树桩盆景七大流派之一，并作了专门介绍，这为南通盆景走向全国、走向世界奠定了理论基础。

如皋盆景是通派盆景的重要组成部分，2009 年，盆景技艺（如皋盆景）被列入江苏省第二批非物质文化遗产名录。

（九）季德胜蛇药

从清代康熙年间始，季德胜的蛇药一直流传至今，已有 300 余年的历史，在南通及周边地区享有盛名，在东南亚各国也具有较大影响，是国内外知名的传统名品中药，现由精华制药集团股份有限公司独家生产。

季德胜蛇药系现代著名蛇医季德胜在继承季家六代家传秘方医治

季德胜蛇药厂

蛇毒技艺的基础上，结合自身几十年的捕蛇疗伤解毒实践经验研制而成的著名蛇药。

1954 年，南通市政府为挖掘民间医药，遍寻名品古方。市卫生局领导及著名中医朱良春专程前往天生港，恳请季德胜出山。1957 年，季德胜感恩于人民政府的诚邀，毅然决定把季氏家族祖传的蛇药秘方献给人民政府。献方后，季德胜不仅在中医院蛇毒门诊坐诊，热忱地为广大患者解除病毒，疗伤救命，同时还收带了一批学生和研究人员，继续开展蛇药机理及配方筛选的深入探讨，为拓展蛇药治病疗伤和痛风、肿瘤等其他用途潜心钻研。几十年来，经他手治愈的病人不计其数，他配制的蛇药曾挽救了许多命悬一线的患者。

2011 年，“季德胜蛇药片”制作工艺被列入国家非物质文化遗产名录传统医药项目。

为了构筑永久的保护载体，南通市加强了非物质文化遗产保护基地的建设，先后成立了南通风筝博物馆、南通蓝印花布博物馆等 6 个国家级项目、省级项目的专题博物馆，成为南通非遗对外展示的窗口，每年有数十万人前来参观。2012 年 6 月，南通非物质文化遗产馆建成并对外开放。一批以宣传、展示、收藏、保护为主的传承保护载体成为展示全市非物质文化遗产保护、传承、对外交流等工作成果的窗口。

传承人保护是重点，也是难点。自 2008 年至 2020 年，南通市共命名了六批南通市非物质文化遗产代表性传承人。截至 2020 年，南通市共有市级以上传承人 293 名，国家级传承人 7 名，省级传承人 49 名。

过去时时去，未来天天来。非物质文化遗产的保护时不我待，任重道远。唯有绵绵用力、久久为功，善始善终、善作善成，方能让江海非遗更加绚烂多彩！

图书在版编目（CIP）数据

通江达海：南通／“通江达海——南通”编写组编著．
—北京：外文出版社，2021.12（辉煌中国）
ISBN 978-7-119-12928-0
Ⅰ．①通… Ⅱ．①通… Ⅲ．①南通－地方史 Ⅳ．①K295.33

中国版本图书馆 CIP 数据核字（2021）第 242471 号

出版指导：陆彩荣
出版统筹：胡开敏
总 顾 问：胡卫东
责任编辑：曹 芸
统　　稿：周 权
文字撰写：王全立 卢兆欣 李 彤 朱晖斌 朱蓓宁 刘 璐 沈彦婷 杨新明 赵 彤 赵勇进
施 晔 顾亚红 顾 雨 倪丽斯 徐海慧 彭君军 蒋娇娇 （以姓氏笔画排序）
图片提供：许丛军
装帧设计：北京正视文化艺术有限责任公司
印刷监制：章云天

通江达海——南通

本书编写组 编著

出 版 人：胡开敏
出版发行：外文出版社有限责任公司
地　　址：中国北京西城区百万庄大街 24 号　　邮政编码：100037
网　　址：http://www.flp.com.cn　　电子邮箱：flp@cipg.org.cn
电　　话：008610-68320579（总编室）
008610-68996144（编辑部）
008610-68995852（发行部）
印　　刷：北京盛通印刷股份有限公司
开　　本：710mm×1000mm 1/16
字　　数：106 千字　　印　张：17.25
装　　别：平装
版　　次：2021 年 12 月第 1 版第 1 次印刷　2022 年 9 月第 1 版第 2 次印刷
书　　号：ISBN 978-7-119-12928-0
定　　价：78.00 元